HANS WILLGERODT

Die Krisenempfindlichkeit des internationalen Währungssystems

Die Krisenempfindlichkeit des internationalen
Währungssystems

Die Krisenempfindlichkeit des internationalen Währungssystems

Von

Hans Willgerodt

DUNCKER & HUMBLOT / BERLIN

ISBN 3 428 04836 9

Vorwort

Die große und stets aktuelle Bedeutung der Währungsfragen für unsere Wirtschaftspolitik hatte die Adolf-Weber-Stiftung bereits im Jahre 1978 veranlaßt, ein Kolloquium abzuhalten, auf dem Professor Dr. Norbert Kloten, Präsident der Landeszentralbank in Baden-Württemberg, über das Thema „Währungsunsicherheit nach außen — Müssen wir, wie können wir mit ihr leben?" referierte. Die Ergebnisse wurden in dieser Reihe der wirtschaftspolitischen Kolloquien veröffentlicht.

Inzwischen ist es erneut mehrfach zu krisenhaften Erscheinungen im Währungsbereich gekommen, denen durch neue Stabilisierungsversuche, wie etwa das Europäische Währungssystem, begegnet werden soll. Die Adolf-Weber-Stiftung hat daher zu Beginn des Jahres 1980 ein weiteres Kolloquium in Frankfurt zwischen Vertretern von Wirtschaft und Wissenschaft abgehalten. Das Referat hielt Professor Dr. Hans Willgerodt (Köln). Hier wie auch in der anschließenden Aussprache wurde besonders die Bedeutung der Marktwirtschaft bei der Bewältigung von Krisen des internationalen Währungssystems hervorgehoben.

Die Adolf-Weber-Stiftung legt die Ergebnisse dieser Gesprächsrunde als siebenten Band ihrer wirtschaftspolitischen Kolloquien vor.

Adolf-Weber-Stiftung

Inhaltsverzeichnis

Zusammenfassung der Aussprache

I. Das Problem

Die währungspolitische Tagesdiskussion wird seit langem von zahlreichen Befürchtungen durchzogen, etwa von der „Angst vor der passiven Zahlungsbilanz"[1] als einem dauerhaften Problem, das sich wirtschaftspolitischen Maßnahmen entziehe. Auch eine passive Leistungs- oder gar Handelsbilanz wird zusammen mit den entsprechenden Überschüssen anderer Länder wie schon in merkantilistischen Zeiten immer wieder als höchst bedenkliche Erscheinung angesehen, ohne nach den Begleitumständen solcher Salden zu fragen[2].

Ferner sieht man lawinenartige Katastrophen auf sich zukommen, die über das internationale Zahlungssystem hereinbrechen könnten und von denen sogar eine Art Götterdämmerung des marktwirtschaftlich gebliebenen Teils der Weltwirtschaft erwartet wird. Geld- und Kapitalbeträge sollen sich in

---

[1] Vgl. Wilhelm Röpke, Internationale Ordnung — heute, 3. Aufl. Bern und Stuttgart 1979, S. 267 ff.

[2] In der Bundesrepublik Deutschland hatte man sich daran gewöhnt, ständig Leistungsbilanzüberschüsse zu erzielen. Zunächst blieben sie auch trotz flexibler Wechselkurse bestehen und wurden von keynesianisch denkenden Ökonomen ebenso wie die japanischen Überschüsse als Hindernis der weltweiten Konjunkturbelebung heftig kritisiert und zur Grundlage der sogenannten Lokomotivtheorie gemacht: Durch Abbau ihrer Überschüsse sollten die beiden Länder die Weltkonjunktur anregen. Vgl. Gottfried Haberler, The International Monetary System after Jamaica and Manila, in: Contemporary Economic Problems 1977, William Fellner (ed.), Washington D. C. 1977, S. 275 ff.; ders., Reflections on the U. S. Trade Deficit and the Floating Dollar, in: Contemporary Economic Problems 1978, William Fellner (ed.), Washington D. C. 1978, S. 229; Max Corden, Expansion of the World Economy and the Duties of the Surplus Countries, in: The World Economy, Vol. 1, no. 2, Jan. 1978, S. 121 - 134. Inzwischen werden die Leistungsbilanzdefizite der Bundesrepublik Deutschland als bedenkliches Zeichen für nicht gelungenes Recycling der OPEC-Überschüsse und deutsche währungspolitische Unsolidität aufgefaßt.

gigantischen Summen bei Ausländern ansammeln, etwa in der Hand von multinationalen Unternehmungen, Euro-Banken oder fremden Notenbanken, und man fürchtet, daß sie eines Tages auf den Devisenmarkt drängen könnten, um dort katastrophale Kursbewegungen hervorzurufen. Ältere Ökonomen erinnern warnend an die Weltwirtschaftskrise mit ihren Erscheinungen sich überschlagender Kapitalflucht, internationaler Kreditkrisen und deflatorischer Zusammenbrüche nationaler Banksysteme.

Da die Regierungen solchen Erscheinungen, wenn sie sich andeuten, nicht tatenlos zusehen werden, befürchtet man Einschränkungen der Konvertierbarkeit, also den Rückfall in die Devisenzwangswirtschaft mitsamt den dazugehörigen protektionistischen Wirren und einem Zusammenbruch der internationalen Arbeitsteilung, wie sie so erfolgreich nach dem zweiten Weltkrieg aufgebaut werden konnte.

Auch wird auf die Möglichkeit von Wechselkurswirren hingewiesen, etwa auf konkurrierende Abwertungen, die — wenn es sie gäbe — nur ein Symptom für den Zerfall der internationalen Währungsordnung darstellen würden.

Neuerdings wird auch die Möglichkeit politischer Krisen betont, die dazu führen, daß ganze Länder zahlungsunfähig oder nicht mehr zahlungsbereit werden. Ihnen gewährte Kredite werden als Verluste zu buchen sein, mit der Folge, daß die international tätigen Banken in Schwierigkeiten geraten.

Inwieweit solche Ängste berechtigt sind, hängt von der Krisenempfindlichkeit des internationalen Währungssystems ab, wie es jetzt besteht. Kann es solche Stöße ohne größeren Schaden überstehen? Fördert es das Entstehen solcher Störungen oder enthält es Elemente, die diese Störungen weniger wahrscheinlich machen?

Ob man heute von einem wirklichen internationalen Währungssystem sprechen kann, ist umstritten. Zur Zeit werden die internationalen Zahlungen in einem Mischsystem abgewickelt. Es gibt Wechselkurse, die an Leitwährungen oder anderen

Maßstäben orientiert sind, ferner solche, die in Stufen flexibel sind oder sich formell frei, aber manipuliert bewegen können. Ergänzend bestehen Maßnahmen der Devisenbewirtschaftung verschiedener Grade und viele Möglichkeiten, trotz Floatens umfangreiche Devisenreserven als internationale Zwangskredite einzusetzen. Es handelt sich also um ein buntscheckiges Gefüge von Regeln, Regulierungen und Techniken des internationalen Zahlungsverkehrs, bei dem nicht eindeutig auszumachen ist, ob es das Verhalten der am Zahlungsverkehr Beteiligten und der politischen Instanzen, die für die Währungsordnung verantwortlich sind, einigermaßen zuverlässig bindet und berechenbar macht. Der internationale Zahlungsverkehr hat jedenfalls zum Teil andere Eigenschaften als der binnenwirtschaftliche Zahlungsverkehr. Wenn binnenmarktähnliche Verhältnisse hergestellt werden sollen, wie es für die Europäischen Gemeinschaften vorgesehen ist, dann dürften Auslandszahlungen nicht mit zusätzlichen Hindernissen, Kosten und Risiken verbunden sein. Auch der internationale Kapitalverkehr müßte von allen Beschränkungen befreit werden. Seit dem Zusammenbruch der Goldwährung werden diese Bedingungen nicht mehr erfüllt, sondern es herrschen zweit- und drittbeste Lösungen vor. Sie sind eine Frucht des überall anzutreffenden Währungsnationalismus[3], der sich mit dem Vorrang nationalstaatlicher Konjunktur- und Beschäftigungspolitik durchgesetzt hat.

Gemessen am Ideal binnenmarktgleicher Verhältnisse ist das jetzige internationale Währungssystem unzulänglich. Allerdings sind bei dieser Feststellung Differenzierungen erforderlich: Es gibt nationalstaatliche Währungswirren, denen gegenüber der heutige Zustand des weltwirtschaftlichen Zahlungssystems idyllisch genannt werden kann. Auch haben das nach dem zweiten Weltkrieg entstandene Währungssystem von Bretton Woods und die nach seinem Zusammenbruch folgende Phase des mani-

---

[3] Vgl. F. A. Hayek, Monetary Nationalism and International Stability, 2. Aufl. New York 1964; ders., Was der Goldwährung geschehen ist, Tübingen 1965.

pulierten Floatens und partieller Kursbindungen eine unge-
wöhnliche Ausdehnung des Welthandels nicht verhindert.

Gleichwohl bleibt unbestreitbar, daß bei einigermaßen solider
einzelstaatlicher Währungspolitik die binnenwirtschaftlichen
Zahlungen von einigen Kosten und Risiken entlastet sind, die
der internationale Zahlungsverkehr tragen muß[4]. Diese struk-
turellen Unzulänglichkeiten wollen wir jedoch nicht als Währungskrise bezeichnen.

Als Krise gilt im allgemeinen eine *plötzliche* Zuspitzung, eine
bedenkliche Entwicklung, in deren Verlauf sich die Verhältnisse
spürbar oder sogar katastrophal verschlechtern können. Eine
internationale Währungskrise ist ein Prozeß, in dem sich die
Bedingungen für internationale Zahlungen deutlich verschlechtern. Es kann sich dabei um folgende Verschlechterungen
handeln:

— Die Freiheit, internationale Zahlungen zu leisten, kann
  über das vorher übliche Maß hinaus schnell und drastisch
  eingeschränkt werden (*verminderte Konvertierbarkeit* der
  nationalen Währungen).

— Es können die Kosten für die Bezahlung von Lieferungen
  und Leistungen im internationalen Verkehr stark ansteigen,
  so daß die internationale Währungskrise handelsbeschrän-
  kende Wirkungen hat (drastische *Zunahme der Zahlungs-
  kosten* als Arbitragehindernis).

— Es kann die *internationale Kapitalübertragung* erheblich
  verteuert werden. Außerdem können am ruhenden Auslandsvermögen, also bei früher erworbenen Auslandsanlagen, währungsbedingte und unkalkulierbare Verluste
  entstehen, die sich von Vermögensverlusten auf Binnen-
  märkten der Ursache nach systematisch unterscheiden (*Verluste am Auslandsvermögen*).

---

[4] Vgl. Clas Wihlborg, Currency Risks in International Financial
Markets, Princeton Studies in International Finance N. 44, Princeton
N. J. 1978.

— Wenn die nationalen Währungsbehörden — wie bei festen Wechselkursen — ihre Geldschöpfung an der Entwicklung des Devisenmarktes orientieren, müssen sie im Krisenfall *Deflation* oder *Inflation* in einem Maße importieren, daß das nationale Bank- und Zahlungssystem empfindlich gestört wird. Die Weltwirtschaftskrise hat zum Beispiel für Deutschland eine kaum erträgliche Deflation gebracht, weil Goldeinlösung und Wechselkursstabilisierung aufrechterhalten bleiben sollten.

— Ergänzend ist folgendes Symptom zu nennen, das für sich allein jedoch keine Währungskrise anzeigt, weil es auch andere Ursachen haben kann: Die internationalen Zahlungen können so stark gestört sein, daß die *Relationen* zwischen den Preisniveaus ganzer Länder, die *Terms of Trade* oder viele *Einzelpreise* ungewöhnlich stark *verzerrt* werden, also von dem Zustand abweichen, der sich bei normalen Währungsbedingungen eingespielt hätte. Die Folge können hohe privatwirtschaftliche und gesamtwirtschaftliche Verluste sein.

Es geht nun darum, die Wahrscheinlichkeit zu prüfen, daß es heute zu derartigen, aus der Vergangenheit bekannten Währungskrisen kommt. Dabei muß man sich klarmachen, daß solche Krisen verschiedenartige auslösende Ursachen haben. Einmal können solche Ursachen überwiegend autonom und mit nicht alltäglicher Stärke gegenüber dem Währungssystem gesetzt werden. Die Wahrscheinlichkeit dieser Art von Datenänderungen kann jedenfalls nicht durch die internationale Währungsordnung verändert werden, sondern muß von der Währungspolitik hingenommen werden wie das Wetter. Genannt seien erhebliche und unerwartete Ölpreissteigerungen aus politischen Gründen; Kapitalflucht aus bestimmten Ländern wegen politischer Umwälzungen; Umleitung von großen Kapitalbeträgen wegen erbitterter Arbeitskämpfe großen Umfanges.

Wie noch gezeigt werden soll, gibt es aber auch krisenauslösende Ursachen, bei denen nicht eindeutig feststeht, daß ihr

Vorkommen von den Eigenschaften des Weltwährungssystems vollständig oder weitgehend unabhängig ist. Hier sind politisch gezielte Akte zu nennen, mit denen beabsichtigt wird, das System im ganzen oder die Währung einzelner Länder zu stören. Wenn die verantwortlichen Akteure wissen, daß wegen der Natur des Währungssystems solche Aktionen sinnlos sind, ist es mindestens denkbar, daß sie davon Abstand nehmen, weil sich auf diesem Wege die angestrebten Schädigungsziele nicht erreichen lassen. Solche Störungsursachen sind in der Wahrscheinlichkeit ihres Entstehens nicht völlig unabhängig von dem herrschenden Währungssystem.

Für währungspolitische Entscheidungen, das heißt auch: für Wahl und Ausgestaltung der internationalen Währungsordnung, ist es in jedem Falle wichtig zu wissen, wie in dieser Ordnung die erwähnten Schocks oder Störungsursachen erheblicher Stärke, die zu einer Währungskrise führen könnten, verarbeitet werden, also wie empfindlich das Währungssystem darauf reagiert.

Ob es zu einer internationalen Währungskrise kommt, hängt demnach nicht nur von der Wahrscheinlichkeit ab, mit der krisenbegünstigende Ursachen entstehen und auf das Währungssystem einwirken, sondern auch von einer Systemeigenschaft, die man „Krisenempfindlichkeit des internationalen Währungssystems" nennen kann. Anders ausgedrückt: Es muß für das Entstehen von Währungskrisen einbezogen werden, wie wahrscheinlich es ist, daß das System externe Schocks gegebener Stärke nicht mehr abfangen und neutralisieren kann.

Allgemein ist die Empfindlichkeit das Verhältnis von Reaktion und Reiz. Ein Währungssystem kann danach als unempfindlich gelten, wenn es auf starke Reize schwach oder überhaupt nicht mit Funktionsstörungen reagiert oder wenn es bei häufigen Störungsreizen nur selten überhaupt Reaktionen zeigt, sich demnach kaum aus der Ruhe bringen und provozieren läßt. Die Möglichkeit zu solchen schockabsorbierenden Neutralisierungen kann es ja ebenso geben, wie ein richtig konstruiertes Auto auch auf schlechter Straße in einer größeren Zahl von Fällen im Gleichgewicht bleiben oder auch bei einem tiefen Schlagloch die Spur halten kann. Wollte man die Krisenempfindlichkeit des internationalen Währungssystems messen, dann müßte man beobachten, wie es auf Störungsursachen bestimmter Stärke und Häufigkeit reagiert. Ob derartige Messungen praktisch sinnvoll angestellt werden können, soll hier nicht weiter erörtert werden[5], weil auch prinzipiell-theoretische Ableitungen schon erhebliche Aussagekraft haben. Jedenfalls kann ein bestimmtes internationales Währungssystem in unruhigen Zeiten nicht zuletzt deswegen empfehlenswert sein, weil es unempfindlich ist.

Vielfach wird für ein System flexibler Wechselkurse eine hohe Instabilität vermutet. Das System sei so empfindlich, daß es ohne deutlich erkennbaren Grund oder erheblichen Anstoß von außen plötzliche Zuspitzungen erlebe, die als Währungskrise gelten, so daß das System aus sich selbst heraus instabil wäre, also wegen seiner inneren Disharmonien schon unter dem Ein-

---

[5] Die Wahrscheinlichkeit internationaler Währungskrisen [p(K)] hängt zunächst einmal von der Wahrscheinlichkeit ab, mit der störungsauslösende Ursachen auftreten [p(S)]; die unterschiedliche Stärke von Störungen könnte durch einen Koeffizienten berücksichtigt werden, ferner könnte zwischen den Wahrscheinlichkeiten völlig exogener Störungsursachen und den Wahrscheinlichkeiten partiell systemabhängiger Störungsursachen unterschieden werden.
Die Wahrscheinlichkeit einer internationalen Währungskrise ist aber außerdem davon abhängig, mit welcher Wahrscheinlichkeit das System auf den Störungsreiz wenig stabilisierend, überhaupt nicht stabilisierend oder gar destabilisierend reagiert [p(D/S)]:

(1) $p(K) = p(S) \cdot p(D/S)$, wobei $p(S) \leq 1$.

Durch Umformung dieser Gleichung ergibt sich die währungspolitisch interessante Krisenempfindlichkeit des internationalen Währungssystems:

(2) $p(D/S) = \dfrac{p(K)}{p(S)}$, wobei $p(K) \leq p(S)$.

Die Nebenbedingung zu Gleichung (2) ist einleuchtend: Wenn eine Krise nur als Folge eines Störungsreizes entsteht, kann die Wahrscheinlichkeit, daß es zu einer Krise kommt, niemals größer sein als die Wahrscheinlichkeit, daß ein Störungsreiz vorkommt.

fluß ganz alltäglicher geringer Datenänderungen, die normalerweise nicht als Schocks gelten können, gleichsam explodieren könne. Wie wird dies begründet?

— Bei den immer einmal notwendigen Wechselkursbewegungen soll die Handelsbilanz wegen verschieden schneller Anpassung der Export- und Importpreise zunächst einmal anomal reagieren (J-Kurveneffekt[6]).

— Wegen der allgemein geringen Anpassungsgeschwindigkeit der Handelsströme komme es bei den üblichen Zahlungsbilanzprozessen zu übertrieben starken Wechselkursänderungen (Overshooting), so daß heftige Verzerrungen mit nachteiligen Anschlußfolgen unvermeidbar seien[7].

— Verändere sich aus solchen Gründen der Wechselkurs einmal drastischer, als es dem längerfristigen Gleichgewicht entspricht, dann könne es zu spiralförmigen weiteren Wechselkursänderungen in der gleichen Richtung kommen (Vicious Circle für ein Abwertungsland mit ständig weitergehenden Verteuerungen der Außenwirtschaftsgüter, Virtuous Circle für ein Aufwertungsland mit ständigen Verbilligungen der Außenwirtschaftsgüter)[8].

— Im Zuge solcher Veränderungen könnten destabilisierende Kapitalbewegungen auftreten.

— Veranlaßt durch derartige Instabilitäten würden sowohl Private als auch Währungsbehörden ihre Reserven an Aus-

---

[6] Vgl. Morris Goldstein, John H. Young, Wechselkurspolitik: Einige Probleme, in: Finanzierung und Entwicklung, 16. Jg. Nr. 1, März 1979, S. 10.

[7] James C. Ingram, Expectations and Floating Exchange Rates, Weltwirtschaftliches Archiv, Bd. 114, 1978, S. 422 - 447.

[8] John F. O. Bilson, The „Vicious Circle" Hypothesis, Staff Papers International Monetary Fund, Vol. 26, No. 1, März 1979, S. 1 - 37. Zur älteren Diskussion nach dem 1. Weltkrieg und den modernen Wiederbelebungen dieser Theorien: Hans Willgerodt, Die „motivierte Zahlungsbilanztheorie" — Vom „schicksalhaften Zahlungsbilanzdefizit" und der Unsterblichkeit falscher Inflationslehren, in: Internationale Wirtschaftsordnung, herausg. v. Helmut Gröner und Alfred Schüller, Stuttgart, New York 1978, S. 215 - 238.

landswährung diversifizieren, womit sich die Instabilität weiter verschärfen könne, weil nun der ständige Wechsel von einer Reservewährung in die andere drohe.

Es ist demnach nicht nur zu prüfen, wie das Währungssystem auf exogene Schocks reagiert, sondern auch, ob es schon unter normalen Bedingungen an innerer Unstabilität leidet.

Damit nicht genug: Es ist auch zu prüfen, ob und inwieweit das internationale Währungssystem Störungsursachen unterdrücken oder begünstigen kann. Hier geht es nicht mehr um die Frage, ob einmal gesetzte störende Datenänderungen vom System neutralisiert und gleichsam unschädlich gemacht werden können, sondern darum, ob die störenden Datenänderungen selber an der Entstehung gehindert werden können, das Währungssystem sich also das Klima selbst schaffen kann, unter dem es arbeitet. Die meisten hier in Betracht kommenden Störungen sind von der Politik im weitesten Sinne veranlaßt. Die Frage ist, ob das System diejenigen, die solche Störungen politisch zu verantworten haben, von vornherein abschreckt, ihre störenden Manöver auszuführen.

Wenn das Währungssystem die wirtschaftlichen und politischen Kosten solcher Akte für die auslösenden Politiker genügend hoch treibt, könnten sie davon abgehalten werden, sie ins Werk zu setzen. Das gilt auch, wenn das System den politischen Zweck der Handlung vereitelt. In diesem Zusammenhang ist vor allem der politische Nutzen einer nationalen Inflationspolitik erwähnenswert: er könnte durch das internationale Währungssystem beschränkt werden. Es ist aber auch an solche Störungsursachen zu denken wie das politisch motivierte Abziehen von Mitteln aus bestimmten, mißliebig gewordenen Ländern. Ohne Zweifel gibt es politische Handlungen, die eine Währungskrise begünstigen. Kann man dafür das Opfer, die Währungsordnung, verantwortlich machen? Höchstens insoweit, wie es ein anderes Währungssystem gibt, das die Politiker stärker diszipliniert und von Fehlhandlungen abschreckt. Was gemeint ist, wird am Beispiel der Inflation deutlich, die immer ein bewußter politischer Akt ist: Welches Währungssystem bestraft die Politiker am meisten dafür, daß sie eine Inflation herbeiführen?

Solche Fragen sind auch dann legitim, wenn man zu der Überzeugung gekommen ist, daß die Politik in vielen Ländern von keinen oder keinen ökonomischen Zweckmäßigkeitserwägungen geleitet wird, sondern die Politiker auf den Erwerb oder die Heranziehung von wirtschaftlichen Kenntnissen bewußt verzichten. Das Währungssystem kann unter günstigen Umständen Irrationalitäten neutralisieren oder mindestens Länder, die derartigen Tendenzen zum Opfer fallen, so weitgehend isolieren, daß der Schaden auf ein derartig regiertes Land zurückfällt. Solche Fälle haben in jüngster Zeit an Bedeutung zugenommen, das internationale Währungssystem konnte trotzdem bisher weiter seinen Dienst leisten. Der Grund liegt zunächst darin, daß die führenden Welthandelsländer zusammen mit der Gruppe aufsteigender Entwicklungsländer den Welthandel und den Weltzahlungsverkehr beherrschen, so daß absurdes Verhalten sich auf ökonomisch weniger bedeutende Nationen konzentriert. Es ist aber keineswegs auszuschließen und in Ansätzen seit langer Zeit zu beobachten, daß auch z. B. europäische Länder der Irrationalität zum Opfer fallen. Möglich ist, wie noch gezeigt werden soll, daß das Währungssystem auch in solchen Fällen genügend Abwehr- und Isolierungskräfte haben kann, um eine weltweite Währungskrise zu verhindern.

II. Widerlegte Krisenlehren

Währungskrisen sind kein Massenphänomen von so großer Homogenität und Regelmäßigkeit, daß sie sich der ökonometrischen Forschung leicht erschließen und etwa mit Korrelationsrechnungen allzuviel auszurichten wäre. Damit soll nichts gegen Versuche gesagt sein, die in diese Richtung gehen und die — mindestens auf Teilgebieten — durchaus interessante Aufschlüsse geben können. Im Rahmen eines Gesamtüberblicks können jedoch auch einfachere Erwägungen nützlich sein. Die Krisenempfindlichkeit des internationalen Währungssystems als ein Verhältnis von Reaktion und Reiz läßt sich als geringer einschätzen, wenn bestimmte währungspolitische Befürchtungen von den Tatsachen nicht bestätigt worden sind. Dies gilt um so mehr, je häufiger solche Krisenlehren geäußert und geglaubt werden, denn damit wird die Verhaltensweise der Beteiligten geändert und sie können durch panikartige Handlungen dazu beitragen, daß es tatsächlich zur Krise kommt. Sicherlich gibt es so gut wie keine Krisen ohne materielle Ursache, so daß die psychische Komponente nicht isoliert von den Realfaktoren wirkt, aber es ist ebensowenig zweifelhaft, daß Behauptungen und Meinungen verstärkend wirken können, wenn ihnen Glauben geschenkt wird. Mit einem Wort: Krisengerede kann selber ein mitwirkender Krisenfaktor sein. Wie steht es nun mit den zahlreichen Alarmrufen, denen das internationale Währungssystem ausgesetzt war und ist? Betrachten wir sie der Reihe nach:

1. Die seit 1974 wirksame drastische *Erhöhung der Ölpreise* wurde von Voraussagen begleitet, daß die Einnahmenüberschüsse der ölexportierenden Länder das Weltwährungssystem in eine Krise stürzen müßten[1]. Die Aufnahmefähigkeit der Öl-

lieferanten für Güter aus Ölverbrauchsländern sei zu klein, um
eine Bezahlung der Ölrechnung durch Mehrexporte an die Ölexporteure möglich zu machen. Die Ölexporteure seien aber
nicht bereit, ihre deswegen unvermeidlichen Überschüsse in den
Ländern anzulegen, die am härtesten von der Ölpreissteigerung
betroffen sind. Auch zögen sie die liquide kurzfristige Anlage
bei zuverlässigen Finanzinstitutionen und in währungspolitisch
starken Ländern vor. Damit sei das Problem des „Recycling",
das heißt der Umleitung der Ölmilliarden in die bedürftigen
Ölverbrauchsländer, ungelöst. Diese Länder könnten zu starken
Abwertungen oder Handelsbeschränkungen ihre Zuflucht nehmen, während die Länder, in denen die Ölgelder angelegt werden, das zugehörige Defizit ihrer Leistungsbilanz aus beschäftigungspolitischen Gründen nicht hinnehmen wollten. Auch drohe
eine internationale Kreditkrise, wenn den kurzfristigen Ölein-
lagen langfristige Ausleihungen gegenüberstünden, man also
wegen der Risikoaversion der Ölbesitzer stark gegen die gol-
dene Bankregel verstoßen müsse.

Bisher hat sich nichts von alledem als richtig herausgestellt.
Die Leistungsbilanzüberschüsse der ölexportierenden Länder
haben sich zunächst bis zum Jahre 1979 auch bei wachsenden
Einnahmen nicht so dramatisch erhöht, daß die Erlöse im Kre-
ditsystem der übrigen Welt nicht unterzubringen gewesen wären. Im Jahre 1978 soll der Aktivsaldo der Leistungsbilanz der
Ölausfuhrländer sogar nur 7 Mrd. $ betragen haben[2]. Die
OPEC-Länder haben im übrigen bemerkt, daß der Realwert
ihrer Überschüsse weniger stark wuchs, weil die Inflation, insbesondere die Dollarentwertung, die Ölbesitzer sekundär zum

---

[1] Ein journalistisches Musterbeispiel ist: Walter Wannenmacher,
„Es kommt wie 1931", in: Wirtschaftswoche Nr. 10 vom 1. 3. 1974,
S. 29 - 32. Vgl. im übrigen: Gerald A. Pollack, Are the Oil-Payments
Deficits Manageable?, Essays in International Finance No. 111, June
1975, Princeton N. J. 1975; wesentlich weniger pessimistisch demge-
genüber: Thomas D. Willett, The Oil-Transfer Problem and Inter-
national Economic Stability, Essays in International Finance No. 113,
December 1975, Princeton N. J. 1975.

[2] Bank für Internationalen Zahlungsausgleich, 49. Jahresbericht
1978/79, Basel 1979, S. 87 (künftig zitiert als BIZ-Bericht).

Teil wieder enteignet, zumal wenn sie die kurzfristige Anlage beibehalten. Die Ölexportländer haben ihre Einfuhren im ganzen sehr stark erhöht, jedenfalls bis zum Jahre 1979, so daß sogar im Jahre 1978 ihre Währungsreserven zurückgegangen sind. Gegenüber dem internationalen Banksystem waren die OPEC-Länder sogar im gleichen Jahr als Netto-Kreditnehmer aufgetreten[3]. Eine ernste Störung des Weltwährungssystems war mit diesen Vorgängen nicht verbunden.

Im Jahre 1979 hat sich allerdings mit der erneuten massiven Ölpreissteigerung der Überschuß der OPEC-Länder wieder stark erhöht. Man fürchtet nunmehr allenthalben große Schwierigkeiten: Zwar hätten die internationalen Banken bisher die OPEC-Milliarden anlegen und weiterleiten können. Nun aber näherten sich viele Länder, insbesondere ölimportierende Entwicklungsländer, einer Schwelle, über die hinaus sie sich nicht zur Milderung der Lasten aus Öleinfuhren weiter verschulden könnten. Das Risiko der internationalen Banken, die nach Anlage für die Ölmilliarden suchen, werde immer größer und womöglich auf die Dauer untragbar. Der Ruf nach dem Staat oder staatlichen Einrichtungen wie der Weltbank liegt nahe: Was die Banken nicht mehr ohne unzumutbares Risiko tun könnten, müsse die öffentliche Hand übernehmen, nämlich die Ölmilliarden in die bedürftigen Entwicklungsländer schleusen. Es wird von möglichen Moratorien gesprochen, einer Art von Solidaritätsverpflichtung der internationalen Banken. Auch der Internationale Währungsfonds müsse helfen[4].

Worum handelt es sich? Die Leistungsbilanzüberschüsse der ölexportierenden Länder bedeuten, daß der übrigen Welt eine Art von Zwangssparprozeß auferlegt wird. Der Überschuß

---

[3] 49. BIZ-Bericht, Basel 1979, S. 119; auf S. 163 wird die Abnahme der Währungsreserven der Ölausfuhrländer auf 15 Mrd. $ geschätzt. Die Abnahme stellt keinen Widerspruch zum noch gegebenen Aktivsaldo der Leistungsbilanz dar, wenn solche Auslandsanlagen, die nicht zu den Währungsreserven zählen, über den Aktivsaldo der Leistungsbilanz hinaus erworben worden sind.

[4] Vgl. hierzu Wilfried Guth, Die Ölmilliarden im Finanzsystem der Welt, Frankfurter Allgemeine Zeitung v. 5. Juli 1980.

zeigt an, daß die Ölexporteure diesen Betrag im Ausland, also bei ihren Abnehmern anlegen wollen. Wenn jetzt behauptet wird, dies sei nicht möglich, dann wird damit zugleich behauptet, es gebe für diesen Betrag in den ölimportierenden Ländern keine ausreichend rentablen Investitionsgelegenheiten mehr. Um den Aussagewert dieser keynesianischen These richtig abschätzen zu können, ist es nützlich, die OPEC-Überschüsse den normalen Ersparnissen wichtiger Länder der westlichen Welt gegenüberzustellen[5]. Die 63 Mrd. $ Überschuß der Ölausfuhrländer des Jahres 1979[6] nehmen sich dabei nicht mehr so groß aus, wie es zunächst scheint. Im übrigen bedeuten sie für die übrige Welt eine günstige Gelegenheit, durch produktive Investitionen, nicht zuletzt im Energiebereich, das Wachstum zu fördern[7]. Wenn die ölexportierenden Länder bereit sein sollen, weiterhin die gewünschte Ölmenge zu liefern, muß die übrige Welt ebenso bereit sein, günstige Anlage- und Investitionsmöglichkeiten zur Verfügung zu stellen. Ist sie hierzu nicht fähig, dann werden die Ölexporteure ihre Förderung drosseln, um ihr Vermögen nicht der Geldentwertung und niedrigen Zinsen in den Abnehmerländern auszusetzen. Man ermesse hieran die Weisheit derjenigen, die dringende Investitionen im Energiebereich auf das Jahr 1990 vertagt haben, die überall im Namen des Umweltschutzes eben dadurch Umweltvergeudung betreiben, daß sie dringend notwendige Investitionen hemmen und den Produktionsapparat auf diese Weise auf eine veraltete, umweltschädliche Technik festlegen. Ist es wirklich klug, unter diesen Umständen überall die Arbeitsleistung herabzusetzen und in ihrer Qualität durch Herabsetzung der Leistungsanforderungen zu mindern, gleichzeitig aber den Konsumstandard unter Inkaufnahme großer staatlicher Budgetdefizite aus der Staatskasse zu erhöhen, so daß der Staat Ölmilliarden als Konsum-

---

[5] Vgl. Tabelle 1.

[6] 50. BIZ-Bericht, Basel 1980, S. 88; vgl. auch Tabelle 2.

[7] In diesem Sinne auch: Henry C. Wallich, Oil and Debt: the Risks of International Lending, in: The World Economy, Volume 1, October 1977, S. 53.

kredit aufnimmt, dem kein investierter Gegenwert gegenübersteht? Für das Währungssystem muß aus allen diesen Zusam-
menhängen kein besonderes Problem entstehen. Läßt es der
Staat zu, daß die Ölgelder für Konsumzwecke oder unpro-
duktiv verwendet werden, dann sind künftige Generationen
mit der Last der Rückzahlung beschwert, ohne eine bessere Aus-
stattung mit Produktionsmitteln zur Verfügung zu haben.
Dieses aus der sozialen Rentenversicherung bekannte Verfahren belastet die Zukunft, obwohl in der Gegenwart in großem
Umfang Investitionen erforderlich wären.

Die Behauptung, ganze Länder stünden vor der Insolvenz
und könnten nicht zusätzliche Ölmilliarden als Kredit aufnehmen, ist allerdings nicht aus der Luft gegriffen. Durch die Ver-
weigerung rechtsstaatlicher Eigentumsgarantien, durch man-
gelnde Bereitschaft, die Mindestbedingungen für eine marktwirtschaftliche Entwicklung zu erfüllen, kann ein Land
kreditunwürdig werden und daher für die Aufnahme von
Überschüssen der Ölexportländer ungeeignet sein. Ist dies eine
Katastrophe für das internationale Währungssystem? Wohl
kaum, denn die Ölgelder werden dann eben in Ländern angelegt, die kreditwürdig sind.

Das Problem des Recycling kann insoweit ein währungspolitisches Problem sein, als wegen der Unvollkommenheiten
des internationalen Kapitalmarktes auch solche Länder keine
Kredite erhalten könnten, die an sich kreditwürdig sind. Dieser
Teil des Problems ist über die privaten Kapitalmärkte, zumal
die Euromärkte, relativ zur Größe der Beträge bemerkenswert
gut und geräuschlos gelöst worden[8]. Soweit es sich um ein Problem der Armut und Kreditunwürdigkeit von solchen Ölver-
brauchern handelt, die von der Ölpreissteigerung besonders hart
betroffen sind, liegt eigentlich keine Währungsfrage vor, sondern ein Problem internationaler Sozialhilfe, bei dem die Re-

---

[8] Vgl. schon: Sachverständigenrat zur Begutachtung der gesamtwirtschaftlichen Entwicklung, Jahresgutachten 1974/75, Vollbeschäftigung für morgen, Stuttgart und Mainz 1974, Ziffern 12 - 20.

gierungen der besser gestellten Länder einschließlich der Ölbesitzer zur Hilfe aufgefordert sind. Ob es sinnvoll war, auch
den Internationalen Währungsfonds einzuspannen, um Nothilfe
zu leisten, ist umstritten[9].

Ein währungspolitisches Problem könnte allerdings entstehen,
wenn es die im internationalen Bankgeschäft engagierten
Banken als ihre Aufgabe ansehen, ohne Rücksicht auf politische
Risiken und Bonität von Schuldnern Kredite zu gewähren im
Vertrauen darauf, daß im Falle der Not die heimische Zentralbank oder der heimische Steuerzahler einspringen werden. Es
ist auch denkbar, daß riskante Auslandsanlagen vorgezogen
werden, um einen lukrativ hohen Inlandszins nicht senken zu
müssen. Das Gegenmittel wäre die Abschaffung sämtlicher
Kapitalverkehrsbeschränkungen zwischen den in Betracht kommenden Anlageländern; Zinskartelle wären dann mindestens
sehr behindert.

Die kurzfristige Anlage der Ölgelder, bei der niedrige Verzinsung und Geldentwertungsrisiken hinzunehmen sind, wird
zunehmend von anderen Anlageformen abgelöst, wobei sich die
neuen Großkapitalisten in der Sorge der Reichen üben müssen,
gute Schuldner zu finden und entsprechende Risiken zu übernehmen[10]. Aber selbst wenn diese Veränderung der Fristen-

---

[9] Es handelt sich um eine Variante der Forderung, Devisenreserven vorzugsweise armen Ländern zuzuteilen (Link-Postulat). Vgl.
dazu kritisch: Gottfried Haberler, The Case Against the Link, in:
Banca Nazionale del Lavoro Quarterly Review, Vol. 24 (März 1971),
S. 13 - 22. Interessant ist übrigens, daß im Jahre 1979 die Entwicklungsländer ohne Ölvorkommen mehr Kapital erhalten haben als
ihrem Leistungsbilanzdefizit entsprach, so daß sie ihre Auslandsforde-
rungen um 20 Mrd. $ erhöht haben; die Hälfte dieses Überschusses
entfiel auf zusätzliche Währungsreserven. Vgl. 50. BIZ-Bericht, a. a. O.,
S. 109.
[10] Über die durchaus rationalen Anlagemotive einiger arabischer
Länder berichtet Karl Schiller: Entwicklungsprobleme arabischer
Erdölländer, in: Hamburger Jahrbuch für Wirtschafts- und Gesell-
schaftspolitik, 24. Jahr, Tübingen 1979, S. 253 - 261.
Der größere Teil (62,2 %) der anlagefähigen Überschüsse der Ölausfuhrländer wurde in den Jahren 1974 - 78 langfristig angelegt; vgl.
Tabelle 3.

struktur in den Kapitalanlagen der Ölbesitzer nicht vor sich gehen würde, könnte eine Kreditkrise heute nicht mehr in der Weise auftreten, wie sie in der Weltwirtschaftskrise vorgekommen ist.

Ein plötzliches Abziehen der Mittel in die Besitzerländer kommt nämlich nicht in Betracht: Diese Länder werden nicht einen plötzlichen Umtausch der Ölmilliarden in ihre eigene Währung verlangen und damit das Verhalten der amerikanischen Gläubiger nach 1930 gegenüber Europa nachahmen. Der Grund ist folgender: Das Ergebnis eines solchen Versuches wäre eine gigantische Aufwertung z. B. des saudiarabischen Rial. Für eine gegebene Summe an Öldollars erhielte Saudi-Arabien am Devisenmarkt eine immer geringer werdende Summe an eigener Währung. Nach dem Ende der Transferaktion müßte dagegen der Rial wieder in die Nähe der Kaufkraftparität absinken, von der er wegen der gewaltigen Transferhindernisse vorübergehend im Sinne einer Überbewertung abgewichen war. Die internationale Kaufkraft der ohnehin schon geringeren Summe an rücktransferierten und nun in Rial ausgedrückten Kapitalien würde dann nur noch einen Bruchteil der Kaufkraft ausmachen, die der ursprüngliche Kapitalbetrag in Dollars besessen hatte. Der ganze Vorgang wäre nichts anderes als eine arabische Selbstenteignung zugunsten der Ölschuldner. Da sich die Ölgelder in der Hand der ölexportierenden Staaten und nicht von Privatpersonen befinden, wird makroökonomisches Denken überwiegen und man wird sich nicht selbst ruinieren. Im übrigen müßte die vorübergehende Rialaufwertung die Konkurrenzfähigkeit arabischer Inlandsindustrien stark beeinträchtigen. Selbst wenn aber die Szene von politischer Irrationalität beherrscht wäre und eine derartig absurde Aktion des Umtausches von Ölgeldern in eigene Währung der Ölexportländer vorkäme, ginge hiervon keine ins Gewicht fallende Störung des Weltwährungssystems aus. Die „abgezogenen" Dollars würden am Devisenmarkt nur gegen Rial angeboten und würden gegenüber anderen Währungen nicht an Wert verlieren. Sie würden einige nichtsaudische Rialbesitzer zu Dollarmillionären machen, die ihre Dollars sogleich wieder im Dollarbereich anlegen würden. Eine Dollarabwertung gegenüber dem Rial ist für das internationale Handels- und Währungssystem vollkommen bedeutungslos.

Eine Flucht in die Barabhebung von Sichtguthaben ist ebenso ausgeschlossen, denn sie brächte den Ölbesitzern keinerlei Vorteile, sondern ausschließlich Nachteile: Sie würden auf Zins verzichten und an der Inflation verlieren. Kaufen sie mit Bargeld Güter, so vermindert sich ihr Exportüberschuß, aber dazu brauchen sie kein Bargeld, es sei denn, sie wollten z. B. ausländische Terroristen damit finanzieren. Die Notenbanken der Anlageländer können jedem Run nach Bargeld durch vorübergehende Notenemission begegnen, so daß es zu einer Bankenkrise nicht kommt. Nur die Furcht der Ölbesitzer vor Beschlagnahme oder Verwendungssperre ihrer Guthaben könnte die Barabhebung zweckmäßig erscheinen lassen, sofern der Notenschmuggel leichter zu organisieren ist.

Weitere Gefahren für das Währungssystem sieht man darin, daß sich die ölverbrauchenden Länder angeblich der vermeintlichen Last einer passiven Leistungsbilanz entziehen wollten, obwohl für die Ölverbraucher als Gesamtheit ein solches Passivum unvermeidlich sei, solange die Ölverkäufer nicht genügend Güter als Gegenleistung importieren[11]. Während bei der Furcht vor ungenügendem Recycling das Gegenteil im Vordergrund stand, nämlich die These, einige Kreditwürdige würden nicht genügend Kapital erhalten und könnten sich daher keine Passivität der Leistungsbilanz erlauben, gilt hier eine passive Leistungsbilanz als besondere Last, obwohl sie nur das Spiegelbild von Kapitaleinfuhren ist. Dahinter stehen keynesianisch-merkantilistische Vorstellungen, wie sie bei einigen Regierungen noch bestehen mögen. Um trotz Anlagebereitschaft der Öl-

---

[11] Eine derartige Argumentation findet sich bei Gerald A. Pollack, a. a. O., S. 15; kritisch zu solchen Thesen: Gottfried Haberler, Reflections on the U. S. Trade Deficit and the Floating Dollar, a. a. O., S. 215 f.

exporteure für das eigene Land eine aktive Leistungsbilanz entgegen den Marktkräften zu erzwingen, könnte bei flexiblen Kursen versucht werden, den Außenwert der eigenen Währung durch Devisenkäufe der Notenbank nach abwärts zu manipulieren. Die damit verbundene inflatorische Anregung im manipulierenden Land ließe sich aber einfacher über anderweitige inländische Geldschöpfung erreichen als über den Erwerb von meist nicht sehr profitablen Devisenreserven. Bei fehlender Geldillusion ist der Versuch, über inflatorische Wechselkursmanipulationen die Beschäftigung zu erhöhen, ohnehin zum Scheitern verurteilt. Außerdem steigert die künstliche Abwertung die Preise für importierte Produktionsmittel, führt bei steigenden Preisen importierter Konsumgüter zu Lohnforderungen und kann bei nachgiebiger Geldpolitik eine inflatorische Spirale in Bewegung setzen, die gerade als besonderer Nachteil beweglicher Wechselkurse ausgegeben wird. Wer solche Abwertungsfolgen als Anhänger der Theorie des „Vicious Circle" fürchtet, wird nicht gerade künstliche Abwertungen als Mittel der Beschäftigungspolitik anwenden. Die Erfahrung zeigt, daß im Gegenteil die Währungsbehörden nicht ungern den Wechselkurs dazu benutzen, um eine Inlandsinflation zu dämpfen, und daß sie Kapitaleinfuhren zulassen, um zu verhindern, daß Ölpreissteigerungen allzu stark auf das Inlandspreisniveau durchschlagen.

Zwar hat es mehrfach starke Devisenkäufe gegeben, z. B. durch Deutschland, Großbritannien und Italien, es geschah dies aber nur teilweise mit dem Ziel, passive Leistungsbilanzen zu vermeiden. Vielmehr wollte man einen weiteren Kurssturz des Dollar aufhalten, um die Hauptreserve- und Handelswährung möglichst funktionsfähig zu halten. Den USA wurde ihre passive Leistungsbilanz geradezu zum Vorwurf gemacht, woraus zu schließen ist, daß ein solches Passivum nicht als Nachteil, sondern als Privileg angesehen worden ist, nämlich als das Privileg, ausländisches Sozialprodukt für inländische Zwecke in Anspruch zu nehmen.

Wenn die Bundesrepublik Deutschland für lange Zeit eine aktive Leistungsbilanz und entsprechende Kapitalexporte aufzuweisen hatte, so standen dahinter weder ein ungenügendes Streben nach innerer Vollbeschäftigung noch der Wunsch nach Export von Arbeitslosigkeit, sondern nicht zuletzt die Neigung, Produktionsstätten an Orte weltwirtschaftlich höheren Ertrages zu verlegen. Daß Kapitalexport Ausfuhr und nicht Einfuhr von Beschäftigung sein kann, paßt freilich nicht in das keynesianische Denkschema.

Mag nach allen diesen Überlegungen das Problem der kurzfristigen Finanzierung des Öldefizits kein Anlaß für eine internationale Währungskrise sein, so bleibt doch die Furcht vor langfristiger Überschuldung gegenüber den Ölexporteuren. Welchen realen Hintergrund könnte sie haben? Die Ölbesitzer könnten keine weiteren Kredite mehr gewähren wollen und schließlich Kapital nebst Zinsen aus den Anlageländern wieder zurückziehen. Aber das gelingt ihnen nur, wenn sie ihre Einfuhren von Waren und Leistungen erhöhen und eine passive Leistungsbilanz hinnehmen. Dies kann nicht plötzlich geschehen, es sei denn, militärisch-politische Ereignisse würden die Ölförderung ruckartig unterbrechen. Aber selbst in diesem Falle dürfte ein Kapitalrückstrom Zeit beanspruchen, denn solche Umwälzungen behindern meist nicht nur die Ausfuhr, sondern auch die Einfuhr, und im Notfall haben die Anlageländer die Möglichkeit, Konten zu sperren, bis die Legitimation einer neuen Regierung erwiesen ist.

2. Es wird über die bereits erwähnten Zusammenhänge hinaus allgemein befürchtet, nicht nur kurzfristig angelegte Ölgelder, sondern überhaupt disponible Mittel in ausländischer Hand, etwa bei multinationalen Unternehmungen, könnten sich lawinenartig in Bewegung setzen, nach Gutdünken und politischer Willkür umdisponiert werden und damit Krisen einzelner Währungen, wenn nicht des ganzen internationalen Währungssystems hervorrufen. Warum ist es bisher dazu nicht gekommen?

Im System flexibler Wechselkurse bedeuten solche Umlenkungen, sofern sie rein politisch motiviert sind und entgegen dem Zins- und Risikogefälle ablaufen, daß der Besitzer solcher Mittel erhebliche Verluste in Kauf nehmen muß. Der Kurs der Währung, die er anbietet, um sie zu verlassen, bricht ein, und zwar um so mehr, je plötzlicher die Aktion vorgenommen wird; denn auf kurze Frist paßt sich die Leistungsbilanz weniger deutlich an, um den Geldkapitalexport durch einen Realtransfer zu erleichtern. Die geringere Reaktion der Leistungsbilanz auf kurze Frist, als angeblicher Mangel des Wechselkursmechanismus vielfach beklagt, erweist sich als Bremse für irrationale Kapitalbewegungen. Im übrigen steigt aber der Zins im Abflußland und fällt im Zuflußland, so daß die irrationale Kapitalbewegung noch einmal mit Sonderkosten belastet wird.

Freilich ist damit schon die Selbstheilung der Krise angelegt, denn sowohl die Zinsdifferenz als auch die Erwartung, daß der für den Zeitraum des Transfers vorübergehend nach unten gedrückte Wechselkurs der auf den Markt geworfenen Währung später wieder steigen wird, führt zum Rückstrom von Mitteln in das Land, das man schädigen wollte. Notwendig ist hierzu allerdings die Freiheit des internationalen Kapitalverkehrs, die unter dem Einfluß des keynesianischen Währungsnationalismus oft negativ bewertet wird[12].

---

[12] Nicht nur Keynes und die Statuten des Internationalen Währungsfonds haben Kapitalverkehrskontrollen befürwortet, sondern auch Triffin. Vgl. Gottfried Haberler, The International Monetary System after Jamaica and Manila, a. a. O., S. 248, Fußnote 8; Robert Triffin, Gold and the Dollar Crisis, New Haven 1960, S. 118, Fußnote 20, fordert in Anlehnung an Artikel 4 (f) des ehemaligen Abkommens über die Europäische Zahlungsunion, daß das Halten von ausländischem Geld durch Geschäftsbanken und Private weitgehend verboten wird. Dies setzt eine totale Kontrolle des Kapitalverkehrs voraus. Daß er die Euromärkte scharf kontrollieren will, versteht sich fast von selbst: Robert Triffin, Gold and the Dollar Crisis: Yesterday and Tomorrow, Essays in International Finance, No. 132, December 1978, Princeton N. J., S. 11.

3. Eine Lawinenfurcht besonderer Art ist von Triffin[13], Rueff[14] und anderen unermüdlich gepflegt worden, nämlich die Furcht, es könne eine Vertrauenskrise gegenüber dem Dollar als Leitwährung und schließlich eine Flucht aus dem Dollar geben. Um die Welt mit angeblich knapper internationaler Liquidität zu versorgen, also mit Devisenreserven, müßten die USA ein Leistungsbilanzdefizit haben, dieses aber rufe schließlich ein Mißtrauen in den Dollar hervor, so daß das bekannte Triffin-Dilemma entstehe: Entweder korrigiere dann die amerikanische Währungspolitik das Leistungsbilanzdefizit, so daß die Welt nicht mehr mit weiteren Dollarreserven versorgt werden könne, oder sie tue nichts dergleichen, dann müsse mit einer Dollarkrise als Flucht aus dem Dollar gerechnet werden.

Warum geschah bisher weder das eine noch das andere? Weder als Reservewährung noch als Transaktionswährung hat der Dollar wesentlich an Bedeutung verloren[15], obwohl sich die amerikanische Währungspolitik alle Mühe gegeben hat, ausländischen Anlegern den Dollar zu verleiden und die Lawine in Bewegung zu setzen. Bei der anhaltenden amerikanischen Inlandsinflation war nämlich der amerikanische Geldmarktzins real extrem niedrig, Null oder sogar negativ, insbesondere für Ausländer, solange der Dollarkurs kontinuierlich absank. Gewiß kann die amerikanische Währungspolitik einen solchen Grad an Spielregelwidrigkeit erreichen, daß sich schließlich eine massive Tendenz durchsetzt, Dollars abzustoßen[16]. Aber hier

---

[13] Robert Triffin, Gold and the Dollar Crisis, a. a. O.; ders., Gold and the Dollar Crisis: Yesterday and Tomorrow, a. a. O.

[14] Jacques Rueff, Die Gefahren des Golddevisenstandards, Neue Zürcher Zeitung v. 27. - 29. 6. 1961 (Deutsche Bundesbank, Auszüge aus Presseartikeln Nr. 50 v. 30. 6. 1961); Jacques Rueff and Fred Hirsch, The Role and the Rule of Gold: An Argument, Essays in International Finance, No. 47, June 1965, Princeton N. J.

[15] Vgl. Robert H. Heller, Malcolm Knight, Reserve Currency Preferences of Central Banks, Essays in International Finance, No. 131, December 1978, Princeton N. J.; Monatsberichte der Deutschen Bundesbank, November 1979, Die D-Mark als internationale Anlagewährung, S. 26 - 34, insbesondere Tabelle S. 33, Figur S. 34.

[16] Z. B. eine Diversifizierung der Währungsreserven, also die Verwendung von Nicht-Dollar-Währungen, die härter sind als der Dol-

sind erhebliche Widerstände eingebaut, wie sie im Zusammenhang mit irrationalen Kapitalumlenkungen bereits erwähnt worden sind.

Außerdem sind die theoretischen Grundlagen des Triffin-Dilemmas anfechtbar: In Wahrheit besteht der von Triffin angenommene Mangel an internationaler Liquidität überhaupt nicht. Wie er nunmehr selbst einräumt[17], haben sich die Währungsreserven explosionsartig vermehrt. Dies geschah, obwohl im System flexibler Wechselkurse solche Reserven grundsätzlich überflüssig sind. Sofern bei an sich freier Wechselkursbewegung die Notenbanken vorübergehende Schwankungen glätten wollen, kaufen sie bei übersteigerten Aufwertungsbewegungen Devisen an, stoßen sie aber wieder ab, wenn entgegengesetzt übertriebene Abwertungstendenzen bemerkbar werden. Zur Ansammlung von ständig gehaltenen Devisenbeständen besteht kein Anlaß, es sei denn, man möchte eine Art von Sparkasse für schlechte Zeiten anlegen. Devisenreserven als Sicherung für plötzlichen Einfuhrbedarf sind eine äußerst unrationelle Form der Vorsorge und unterscheiden sich darin nicht von merkantilistischen Juliustürmen längst vergangener Jahrhunderte. Bei flexiblen Wechselkursen könnte die Ansammlung von Währungsreserven zunächst nur den Sinn haben, die eigene Währung niedriger zu bewerten und damit der eigenen Volkswirt-

---

lar, etwa DM oder Schweizerfranken. Vgl. Gottfried Haberler, Reflections on the U. S. Trade Deficit and the Floating Dollar, a. a. O., S. 230.

[17] Robert Triffin, Gold and the Dollar Crisis: Yesterday and Tomorrow, a. a. O., S. 4, 11. In einem funktionierenden Weltwährungssystem sind Reserven nicht dazu da, auf die Dauer ein Defizit der Zahlungsbilanz zu decken; vgl. F. A. Hayek, Bemerkungen über die Funktion von Währungsreserven und den Begriff der internationalen Liquidität, in: ders., Was der Goldwährung geschehen ist, Walter Eucken Institut, Vorträge und Aufsätze 12, Tübingen 1965, S. 31 ff. Vgl. auch Wilhelm Röpke, Währungsreserven und Kapitalflucht, in: ders., Wirrnis und Wahrheit, Erlenbach-Zürich 1962, S. 191 f., wo die prinzipiell richtige, wenn auch empirisch schwer zu treffende Unterscheidung zwischen „Schwankungsdefiziten“, die den Einsatz von Währungsreserven rechtfertigen, und „Fundamentaldefiziten“, für die das nicht gilt, hervorgehoben wird.

schaft so lange einen internationalen Wettbewerbsvorteil zu
verschaffen, bis die inflatorischen Folgen der ständigen Devisenkäufe und damit einhergehenden Zentralbankgeldschöpfung den
ursprünglichen Wettbewerbsvorteil aufgehoben und vielleicht
sogar in sein Gegenteil verkehrt haben.

Wenn es aus diesem oder einem anderen Grund zu verstärk-
ten inflationistischen Preissteigerungen kommt, kann man vor-
handene Währungsreserven dazu verwenden, die unvermeidlichen Abwertungstendenzen aufzufangen und durch Zusatz-
einfuhren den inneren Preisauftrieb zu dämpfen. Dies alles
bedeutet, daß bei flexiblen Wechselkursen die Währungsreserven
dazu dienen, den Währungsbehörden zusätzlichen Spielraum
für Verletzungen derjenigen Spielregeln zu verschaffen, die auch
bewegliche Kurse noch erfordern. Einfacher ausgedrückt: Je
größer die Reserven, desto schmutziger kann das Floaten sein.
Die Bemühungen um mehr Sonderziehungsrechte und andere
internationale Zwangskredite sind ebensoviel Bemühungen,
Wechselkursverzerrungen zu begünstigen und die internationale
Inflation anzuheizen.

Unzutreffend ist weiter die Annahme, der angeblich vor-
handene Mangel an internationaler Liquidität, das heißt an
Währungsreserven der Notenbanken, könne bei einem Dollar-
Standard nur durch eine passive Leistungsbilanz der USA
behoben werden. Es ist sehr wohl möglich und auch zu beobachten gewesen, daß die USA bei ihnen belassene Einlagen
ausländischer Notenbanken durch einen Kapitalexport über-
kompensiert haben. Man könnte zwar einwenden, daß der
amerikanische Kapitalexport noch größer gewesen wäre, wenn
die Notenbanken anderer Länder nicht so hohe Guthaben im
amerikanischen Banken- und Geldmarktsystem halten würden,
aber notwendig ist eine solche Beziehung keineswegs. Zum Beispiel könnte das amerikanische Schatzamt Steuermittel dazu
verwenden, um Devisen anzukaufen und sie dem Federal
Reserve System als Währungsreserve auszuhändigen. In diesem
Falle würde eine kurzfristige Kapitaleinfuhr ausländischer

Notenbanken in die USA hinein durch eine ebenso kurzfristige Kapitalausfuhr wieder aufgehoben. Die kommerziellen Kapitalbewegungen können unter bestimmten Nebenbedingungen davon unberührt bleiben. Sofern im übrigen die Anlagen ausländischer Notenbanken am amerikanischen Geldmarkt den amerikanischen Geldmarktzinssatz spürbar herabdrücken, kann zum Ausgleich Kapital über private Kanäle abfließen. Wenn es wirklich darum geht, eine kurzfristige Verschuldung der amerikanischen Volkswirtschaft durch einen Gegenstrom abzusichern, ist ein entsprechender Kapitalexport aus Amerika nicht, wie es geschehen ist, zu erschweren, sondern im Gegenteil zu erleichtern. Ein Reservewährungsland wie die USA wird damit zu einer internationalen Drehscheibe für Kapital in ähnlicher Art, wie es die Schweiz seit langer Zeit ist. Daß mit einer solchen Aufgabe als Weltbankier Probleme verbunden sind, sei nicht geleugnet, sie sind aber nicht unlösbar[18].

Ein weiterer Irrtum der Dilemma-Theorie besteht in der Annahme, ständig wachsende Dollarreserven ausländischer Notenbanken seien vor allem dann eine Gefahr, wenn die amerikani-

---

[18] Das Hauptproblem besteht darin, solide Schuldner und solche Anlagewährungen zu finden, die mindestens nicht schneller entwertet werden, als dem Inflationsgrad der eigenen Währung entspricht. Da Reservewährungen typisch stabiler sind als viele Währungen, deren Notenbanken die Reservewährungen als Reserve halten, muß der Ausgleich in höheren Zinsdifferenzen gesucht werden. Haben die Inflationsländer kein ausgleichend hohes Zinsniveau, dann müßte das Reservewährungsland auf ihre Reserven eine entsprechende Sondersteuer legen oder auf anderem Wege die Kosten seiner Drehscheibenfunktion auf die Einlegerländer abwälzen (Provisionen usw.). Die Schweiz hat auf diesem Gebiete umfangreiche Erfahrungen, wenn sie auch gelegentlich ohne völlig überzeugende Gründe zu nicht marktkonformen Maßnahmen greift.
Abzulehnen ist das Argument, es müßten Nettoreserven für die Notenbanken zur Verfügung stehen und dies könne bei wechselseitigen Forderungen der Notenbanken und Banksysteme gegeneinander durchkreuzt werden. Für den Fall einer Mobilisierung von Reserven durch das eine Land wird nicht gerade das andere Land die Währung des mobilisierenden Landes auf den Devisenmarkt werfen, es sei denn, die übliche Zusammenarbeit der Notenbanken würde durch ein totales Chaos ersetzt, bei dem auch Nettoreserven nichts mehr nützen.

sche Leistungsbilanz während der Ansammlung dieser Reserven passiv sei. Diese Passivität müsse eine Vertrauenskrise auslösen. In Wahrheit hängt das Vertrauen in den Dollar nicht von der amerikanischen Leistungsbilanz ab, es sei denn, daß der Saldo dieser Bilanz von der Publizistik in völlig abwegiger Weise zu einem Indikator der Vertrauenswürdigkeit gemacht wird. Der Saldo der Leistungsbilanz ist kein Erfolgsindikator der Wirtschaftspolitik, wenn man ihn für sich allein betrachtet. Die ältesten merkantilistischen Irrtümer werden auf diesem Gebiete immer noch am Markt feilgeboten, so daß einst Rueff selber sogar den halb ernst gemeinten Vorschlag gemacht hat, die entsprechende Statistik zu verbieten, damit solche vulgärökonomischen Irrtümer endlich wirksam bekämpft werden können[19]. Jeder Schuldner hat während der Kreditaufnahme eine passive Leistungsbilanz, aber niemand käme innerhalb einer Volkswirtschaft auf die Idee, einen Unternehmer für nicht mehr vertrauenswürdig zu halten, weil er Schulden aufnimmt. Worauf es ankommt, ist allein, was er mit dem erhaltenen Kredit anfängt und ob man ihn für solide genug hält, Zinsen und Amortisationen zu zahlen. Auf die Gesamtwirtschaft übertragen heißt das: Das Vertrauen in den Dollar wird allein durch die Stabilität des Dollar begründet, außerdem durch die Fähigkeit der amerikanischen Wirtschaft, auch bei Währungsstabilität die Beträge aufzubringen, die für Zinszahlungen und Amortisationen erforderlich sind. Besteht dieses Vertrauen, dann lassen die Ausländer sogar Zinsen und Kapitalsummen in den USA stehen, so daß diese Fähigkeit überhaupt nicht in Anspruch genommen wird. Es kann jedenfalls nicht ernsthaft bestritten werden, daß der Dollar auch bei Kapitalzuflüssen und passiver Leistungsbilanz genügend stabil sein und bleiben könnte.

Mit dieser Kritik an der Triffinschen Dilemmatheorie ist nicht gesagt, daß es keine Dollarkrise geben kann, sondern nur, daß sie andere Gründe hätte als diejenigen, die Triffin angibt.

---

[19] Jacques Rueff, Une erreur économique du protectionnisme: L'argument de la balance commerciale, Revue d'Economie Politique XLVII 1933, S. 182.

4. Eine weitere Krisenlehre verbindet sich mit den Euromärkten, denen destabilisierende Eigenschaften zugeschrieben werden. Banken, die gleichzeitig Aktiv- und Passivgeschäfte in ausländischer Währung, vorzugsweise in Dollars, ohne zusätzliche Regulierungen vornehmen, werden als Quellen illegitimer und inflatorischer Geldschöpfung angesehen. Inzwischen ist anerkannt, daß es sich ganz überwiegend nicht um Schaffung zusätzlichen bei Nichtbanken zirkulierenden Geldes handelt, sondern um Vermittlung vorhandenen Geldes, das der Kontrolle der nationalen Währungsbehörden mindestens bei seiner Schaffung unterworfen worden ist[20].

Die Euromärkte haben sich als marktwirtschaftliche Gegenbewegung gegen Kapitalverkehrskontrollen, Behinderungen von Devisentermingeschäften, Zinsdirigismus und Gängelung nationaler Geldmärkte entwickelt. Ohne sie hätte sich das Problem des Recycling zwischen den ölverbrauchenden Ländern vermutlich kaum lösen lassen.

Selbstverständlich können die Regierungen eine Kreditkrise an den Euromärkten herbeiführen, etwa indem sie ruckartig hohe Mindestreserven für Depositen einführen, die von Nichtbanken des Auslandes oder gar von Banken bei Eurobanken gehalten werden. Auch können sich die Notenbanken gegenseitig inflatorische Impulse geben, wenn sie Währungsreserven an den Euromärkten anlegen und andere Notenbanken die weiterverliehenen Mittel schließlich ankaufen und ebenfalls als Reserve halten[21].

---

[20] Zu den Einzelheiten: Frohmund Grünärml, Art. Euro-Dollarmarkt, Handwörterbuch der Wirtschaftswissenschaften, 19./20. Lieferung 1979; Ronald I. McKinnon, The Eurocurrency Market, Essays in International Finance, No. 125, December 1977, Princeton N. J.; BIZ-Berichte.

[21] Vgl. Geschäftsbericht der Deutschen Bundesbank für das Jahr 1971, S. 37. Fritz Machlup, The Magicians and Their Rabbits, in: Morgan Guaranty Survey, Mai 1971, S. 3 - 13. Gerd Junne, Der Eurogeldmarkt. Seine Bedeutung für Inflation und Inflationsbekämpfung, Frankfurt/New York 1976, S. 109 ff.

5. Schließlich wird immer wieder behauptet, das gegenwärtige Währungssystem behindere den Welthandel in kaum zumutbarer Weise und müsse schließlich zu einem Zusammenbruch des internationalen Handels führen. Bisher ist davon nichts zu beobachten. Der Welthandel wies dem Volumen nach im Jahre 1975 einen Einbruch auf (minus 3 %), der eindeutig nichts mit dem Währungssystem zu tun hatte. Seitdem wächst der Welthandel wieder mit einer Rate, die über der Wachstumsrate der Produktion liegt (für 1978 fast 6 % gegen 4 % reale Produktionszunahme)[22].

Auch ist nicht zu erkennen, daß der Protektionismus etwa *wegen* größerer Beweglichkeit der Wechselkurse zugenommen hätte. Die vorhandenen oder neu eingeführten Handelsschranken gehen eher auf den Wunsch zurück, notwendigen Strukturwandel aufzuschieben. Hin und wieder wird der Versuch gemacht, im beschäftigungspolitischen Interesse eine Unterbewertung oder im stabilitätspolitischen Interesse eine Überbewertung der eigenen Währung zu erreichen. Aber man stelle sich nur den Grad an Abweichung der Wechselkurse vom marktwirtschaftlichen Normalniveau vor, der sich eingestellt hätte, wenn das Festkurssystem beibehalten worden wäre! Die festen Kurse wären bei gegebenen Inflationsdifferenzen nur durch einen Grad an Devisenbewirtschaftung und Protektionismus vorübergehend zu halten gewesen, demgegenüber die möglichen Nachteile des jetzigen Währungssystems für den Welthandel geringfügig erscheinen.

---

[22] Nach GATT, Prospects for International Trade, Press Release v. 4. September 1979, Table 1 und die Seiten 2 und 3.

III. Gründe für die relative Unempfindlichkeit des Weltwährungssystems

Ohne Zweifel hat das jetzige währungspolitische Mischsystem Nachteile. Die auftretenden kurzfristigen Wechselkursbewegungen wirken störend, selbst wenn schon auf mittlere Frist die Entfernung von den Kaufkraftparitäten weit geringer ist, als meist angenommen wird[1]. Die Regierungen erlauben auch keine freie Wechselkursbildung, sondern lassen ständig am Devisenmarkt intervenieren, oft im destabilisierenden Sinne. Durch ständig neu geschaffene Währungsreserven erhöht sich die Möglichkeit zur Übertragung von Inflation, obwohl freie Kurse dies gerade ausschließen sollten. Auch ist die Konvertierbarkeit nicht vollkommen, obwohl rein technisch der Grund entfallen ist, einen festen Wechselkurs durch Devisenbewirtschaftung zu verteidigen. Innerhalb der Währungsblöcke herrscht Stufenflexibilität der Wechselkurse, mit allen bekannten Nachteilen.

Trotzdem hat die Erfahrung gezeigt, daß das jetzige System nicht übermäßig stoßempfindlich ist und sowohl automatische als auch administrative Verfahren kennt, um Datenänderungen zu neutralisieren, die eine Währungskrise auslösen könnten. Folgende Erklärungen bieten sich hierfür an:

1. *Flexible Wechselkurse* oder die Möglichkeit von Leitkursänderungen mindern den Zwang, die innere Geldwertpolitik an der Zahlungsbilanz zu orientieren. Damit entfällt zum Teil

---

[1] Nähere Angaben z. B. bei: Rolf-Christian Wentz, Unternehmerische Devisenkurssicherung, Frankfurt am Main 1979, S. 100 ff.; in gleichem Sinne: Clas Wihlborg, a. a. O. Ohne den Widerspruch zur Instabilitäts- und Störungstheorie zu erkennen, wird sogar in vorwurfsvollem Ton behauptet, es sei schwer, reale Wechselkursveränderungen herbeizuführen: BIZ-Bericht 1977/78, S. 131.

das Motiv eines zu höheren Inflationsraten neigenden Landes, zur Stabilisierung des Wechselkurses die Konvertierbarkeit seiner Währung einzuschränken. Auch muß ein solches Land nicht Deflation und Arbeitslosigkeit aus dem Ausland importieren, um seinen Wechselkurs zu verteidigen. Gewiß können die Arbitragekosten bei flexiblen Kursen zunehmen, doch zeigt die Erfahrung, daß diese Kosten gering sind, wenn sie mit den Kosten von Devisenkontrollen und Handelskontingenten verglichen werden, die im Festkurssystem bei autonomer Inflation nötig sind. Verluste bei internationalen Kapitalbewegungen und am vorhandenen Auslandsvermögen sind zwar bei Floating zu beobachten, aber die Praxis kennt genügend Verfahren, um sie herabzusetzen[2]. Auch die Preisverzerrungen, die durch bewegliche Kurse entstehen, sind begrenzt und werden meist durch Entzerrungen aufgewogen, die erst durch Wechselkursänderungen möglich geworden sind. Nur bei sehr starken und von der Kaufkraftparität abweichenden Kursbewegungen werden Preisverzerrungen unerträglich.

2. Gegen solche Übersteigerungen gehen aber die Währungsbehörden durch den Einsatz von Devisenreserven vor, die reichlich zur Verfügung stehen[3].

3. Im übrigen haben sich die von Regierungen und Währungsbehörden argwöhnisch betrachteten internationalen Geld- und Kapitalbewegungen als wirksames Gegenmittel gegen den Währungsnationalismus erwiesen. Sobald Regierungen versucht haben, mit Hilfe von Kapitalverkehrskontrollen gegen die Marktkräfte zu steuern, mußten sie früher oder später ihre Versuche aufgeben[4]. So wurden aufgeschobene Wechselkursänderungen schließlich vom Markt erzwungen, Korrekturen einer allzu autonomen Inflationspolitik unvermeidlich gemacht

---

[2] Vgl. Rolf-Christian Wentz, a. a. O.

[3] Vgl. Robert Triffin, Gold and the Dollar Crisis: Yesterday and Tomorrow, a. a. O., S. 4, Tabelle 1.

[4] Vgl. Rolf Hasse, Horst Werner, Hans Willgerodt, Außenwirtschaftliche Absicherung zwischen Markt und Interventionismus. Erfahrungen mit Kapitalverkehrskontrollen, Frankfurt am Main 1975.

und für solche Länder, die entsprechende Marktbedingungen anbieten konnten, Kredite vermittelt, um ihre Anpassungslasten zu mildern. Wenn man die Kreditaufnahmen mancher Regierungen an den internationalen Geld- und Kapitalmärkten betrachtet[5], sind eher die Geduld und Großzügigkeit hervorzuheben, zu der sich die Kreditmärkte bereitgefunden haben.

4. Kreditkrisen alten Stils, wie sie unter den Bedingungen der Goldwährung möglich waren, können heute nicht mehr vorkommen. Denn es gibt kein festes Verhältnis zwischen nationalem Notenumlauf und den Devisen- und Goldreserven der Notenbanken. Soweit freie Wechselkurse bestehen, gibt es auch keine An- und Verkaufspflicht der Notenbanken für Devisen, das heißt: sie haben kein zahlungstechnisches Liquiditätsproblem mehr. Sie können unerwünschte Primäreffekte von Devisentransaktionen, die sie trotzdem vornehmen, durch eine gegensteuernde Geldpolitik mildern. Dies alles mag unerfreulich sein, wenn das Ziel besteht, eine weltweite Währungsunion mit Geldwertstabilität zu schaffen. Zur Zeit aber wird dadurch die Anfälligkeit des Systems gegenüber Währungskrisen gemindert.

---

[5] Vgl. BIZ-Berichte Nr. 45 bis 49 für die Jahre 1974/75 bis 1978/79, Länderteile sowie die Kapitel „Die internationalen Geld- und Kapitalmärkte".

IV. Echte Gefahren und mögliche Gegenmittel

Trotzdem ist es keineswegs ausgeschlossen, daß das internationale Währungssystem unter bestimmten Umständen in eine Krise gerät. Sie wäre ein Geschöpf der Politik. Die einzige Krisenursache, der auch das jetzige relativ unempfindliche System unter ungünstigen Umständen nicht gewachsen wäre, ist eine ungezügelte Inflationspolitik führender Welthandelsnationen.

Inflation hat für diejenigen, die sie herbeiführen, den Sinn, Sozialprodukt denjenigen entschädigungslos wegzunehmen, die es bei stabilem Geld behalten würden, und denen zuzuleiten, die es bei stabilem Geld nicht erhalten würden. Hierzu ist es zweckmäßig, wenn die Inflation nicht erwartet wird und deswegen in den Verträgen nicht ausreichend beachtet werden kann. Die Geldentwertung wirkt durch Überraschung besonders nachhaltig. Außenwirtschaftlich heißt das aber, daß überraschende Vertrauenskrisen zustande kommen. Sie können zu Kursverschlechterungen führen, die über den Kaufkraftverlust der Inflationswährung hinausgehen. Jede inflatorische Politik, die ihr Ziel erreicht, zerstört Vertrauen. Schließlich gewöhnen sich Anbieter und Nachfrager nach Devisen daran, daß es den staatlich organisierten Vertrauensbruch der Überraschungsinflation gibt, und reagieren bei Anzeichen für inflatorische Absichten mit Abwehrreaktionen, die sich im Wechselkurs niederschlagen. Freie Wechselkurse können damit wie freie Börsenkurse zu empfindlichen politischen Barometern werden. Nicht zuletzt deswegen sind sie bei Politikern unbeliebt, die von einer Geldwert- und Wechselkursillusion[1] profitieren wollen. Die

---

[1] Claus Köhler, Geldwirtschaft 2. Bd. Zahlungsbilanz und Wechselkurs, Berlin 1979, S. 209, verwendet diesen Begriff als Forderung an feste Wechselkurse, die eine solche Illusion schaffen sollen, nimmt aber

Reaktionen des Marktes kennzeichnet in klassischer Form der 49. Bericht der Bank für Internationalen Zahlungsausgleich[2]:

„Die Finanzmärkte reagieren aber anscheinend nicht nur auf die Entwicklung der Zahlungsbilanz und der laufenden Wirtschaftspolitik, sondern kalkulieren zusätzlich auch die Erwartung ein, daß sich die bestehenden Unterschiede in den wirtschaftspolitischen Strategien und der wirtschaftlichen Entwicklung künftig fortsetzen. Gleichzeitig schlagen sich in der Bewertung dieser Politik durch die Märkte offenbar nicht nur die jeweils bekundeten Absichten, sondern auch die Glaubwürdigkeit der Währungsbehörden angesichts ihrer unterschiedlichen Erfolge bei der Inflationsbekämpfung nieder."

Während normalerweise Abwertungen und Zinssteigerungen im Abwertungsland einen Kapitalzustrom hervorrufen, wirken sie bei extremer Unglaubwürdigkeit der Währungspolitik eher als Alarmsignal, weil weitere Abwertungen erwartet werden und man eine derartige Schwundwährung rechtzeitig verlassen will. Steigende Zinssätze werden dann nur als weiterer Verlust für bestehende Vermögensanlagen aufgefaßt, nicht als Lockmittel für den Neuerwerb von Titeln durch Ausländer. Denn bei festverzinslichen Werten führt der Zinsanstieg zu Kursverlusten, die zum inflationsbedingten Wechselkursverlust hinzutreten; da man bei fortgehender Inflation nicht mit einem späteren Absinken des Marktzinses rechnet, bleibt das Motiv zur Kapitalflucht beständig.

Die demgegenüber in der Literatur überbetonten Effekte der kurzfristig anomalen Reaktion der Leistungsbilanz oder des Overshooting bei notwendigen Wechselkursänderungen sind nur bei destabilisierender Geldpolitik ernst zu nehmende Probleme. Der sogenannte J-Kurven-Effekt mit seiner vorübergehenden Zusatzpassivierung der Leistungsbilanz im Anschluß an Abwertungen kann überhaupt nur zustande kommen, wenn es eine entsprechende Kapitaleinfuhr in das Abwertungsland gibt

---

den Währungsnationalismus als Datum an und plädiert deswegen für Stufenflexibilität, die tatsächlich nur eine illusionäre Wechselkursstabilität schaffen kann. Der ökonomische Sinn enttäuschter Illusionen wäre hier noch zu ergründen.

[2] BIZ-Bericht 1978/79, a. a. O., S. 69.

oder Währungsreserven mobilisiert werden. Kapitaleinfuhren kommen nach einer Abwertung immer zustande, wenn erwartet wird, daß sich der Wechselkurs nicht mehr wesentlich weiter verschlechtert, sondern sogar umkehrt, und wenn die spätere Aktivierung der Leistungsbilanz erwartet wird, die der J-Kurven-Effekt behauptet. Außerdem wird die Kapitaleinfuhr angeregt, wenn nach der Abwertung die natürliche Zinssteigerung zugelassen oder verstärkt wird. Denn es entsteht ein erhöhter Finanzierungsbedarf in Inlandswährung für die Außenwirtschaft und eine dementsprechende Kreditnachfrage. Die Abwertung läßt die Umsätze der Exportwirtschaft in Inlandswährung in jedem Falle steigen, da die Preise ansteigen und die Mengen keinesfalls zurückgehen. Der Bedarf an Transaktionskasse nimmt also zu. Aber auch die Importumsätze in Inlandswährung steigen, weil steigende Preise und zunächst kaum rückläufige Importmengen beim J-Kurven-Effekt unterstellt werden. Damit steigt auch hier der Bedarf an Transaktionskasse. Beide Kräfte wirken zinssteigernd, wenn, was zu erwarten ist, die Binnenwirtschaft mit belebenden Abwertungseffekten rechnet und ihre Kreditnachfrage nicht beschränkt. Wenn Währungsreserven eingesetzt werden, wird die Inlandsgeldmenge unmittelbar herabgesetzt, womit ebenfalls der Zinssatz steigt.

Es genügt also eine einigermaßen restriktive Geldpolitik, um zu verhindern, daß die befürchteten Effekte, sofern sie überhaupt vorkommen, in eine Währungskrise einmünden.

Wenn allerdings die Währungspolitik im Gefolge von Abwertungen massiv zu inflationistischen Anregungen übergeht, kann eine kritische Situation entstehen. Der Devisenmarkt rächt sich unmittelbar durch inflations- und zinsbedingte Kapitalexporte, so daß weitere Kurseinbußen folgen, die über das Ziel der Kaufkraftparität hinausschießen können. Man muß es nur mit Gewalt darauf anlegen, das Vertrauen in die eigene Währung zu untergraben, dann bringt man diese Wirkung zustande. Ist dies erreicht, dann mangelt es nicht an Erklärungstheorien, etwa an der altehrwürdigen These, der Wechselkurs sei die schuldige Größe, die autonom zur Inflation geführt habe. Vor 50 Jahren ist diese Theorie in Deutschland als „motivierte Zahlungsbilanztheorie" ausgiebig kritisiert und als falsch erkannt worden[3], aber das hat ihrer Beliebtheit in keiner Weise geschadet. Heute wird sie Theorie der Teufels- und Tugendkreise (vicious circles und virtuous circles) genannt, doch handelt es sich nur um neue Bezeichnungen für altbekannte Sachverhalte und Irrtümer. Keine über die Kaufkraftparität hinausgehende Wechselkursänderung, sei sie nun von steigenden Ölpreisen oder irgendwelchen anderen Ursachen hervorgerufen, erfordert eine inflationistische Geldvermehrung. Und nur von ihr können weitere kumulative Kurseinbußen der betroffenen Währung ausgehen.

Merkwürdig ist die selbst von sachverständiger Seite vorgebrachte Anregung, im Anschluß an Ölpreissteigerungen die Geldmenge so zu vermehren, daß keine Senkung der Preise für Nichtölprodukte vorkomme. Denn diese Preise seien oligopolistisch verfestigt, sänken also gar nicht, wenn die Nachfrage auf das Öl umgeleitet werde. Infolgedessen müsse man zur Aufrechterhaltung der Beschäftigung in den Nichtölbranchen die monetäre Nachfrage ausweiten. Diese Anschlußinflation drückt aber den Wechselkurs, steigert dadurch den in Auslandswährung bemessenen Ölpreis und die übrigen Außengüterpreise abermals, ruft Lohnforderungen hervor und hat bei fehlender Geldillusion ein zweifelhaftes beschäftigungspolitisches Ergebnis. Wenn sich die Geldpolitik nach dem letzten Anbieter richten wollte, der nicht bereit ist, bei rückläufiger Nachfrage seinen Preis zu senken, müßte sie eine mindestens trabende Inflation in Kauf nehmen. Ganz abgesehen hiervon ist es empirisch in keiner Weise erwiesen, daß nur ganz wenige Preise nach abwärts beweglich sind; aktuell ist außerdem lediglich der Fall, daß der Anstieg von Preisen gedämpft oder unterbrochen werden soll.

---

[3] Vgl. Hans Willgerodt, Die „motivierte Zahlungsbilanztheorie" — Vom „schicksalhaften Zahlungsbilanzdefizit" und der Unsterblichkeit falscher Inflationslehren, a. a. O.

Demgegenüber behaupten alle Keynesianer weltweit, die Überschüsse der ölexportierenden Länder, soweit sie gespart werden, hätten die Welt einem realen Deflationsprozeß unterworfen, dem durch kräftige Anregung der monetären effektiven Nachfrage begegnet werden müsse. Wenn es überhaupt einen heilsamen Effekt der Ölpreissteigerung gibt, dann den, daß er den inflationistischen Weltverbrauch zugunsten der Investition und Kapitalbildung zurückdrängt, die nicht zuletzt wegen der Ölverknappung dringender sind als jemals zuvor.

Folgt man aber falschen inflationistischen Ratschlägen, dann rückt eine internationale Währungskrise jedenfalls in den Bereich der Möglichkeiten. Die Ölbesitzer werden sich dann nicht wie bisher durch eine Weltinflation ihr Vermögen kampflos enteignen lassen, sondern alsbald von den Gewerkschaften der Inflationsländer lernen, daß man bei monopolistischen Preisfestsetzungen einen vorhaltenden Inflationszuschlag einrechnen kann. Die dann mögliche Spirale zwischen keynesianischer Weltinflation und gewerkschaftsähnlicher Ölpreistarifpolitik kann ein währungspolitisches Chaos hervorrufen.

Daß es soweit kommt, ist allerdings wenig wahrscheinlich. Allmählich lernen die Regierungen aus ihren Inflationen. Der Einfach-Keynesianismus altert. Die bisher beobachteten Wechselkursänderungen können nicht als Währungskrise gelten. Ob es sich zum Beispiel im Falle der Dollar-Entwertung wirklich um eine über das Ziel hinausschießende Entwicklung handelt, ist zweifelhaft. Man macht das amerikanische Öldefizit für den Kursverfall des Dollar verantwortlich, ohne zu wissen, welchen Umfang das amerikanische Leistungsbilanzdefizit hätte, wenn die amerikanischen Ölausgaben geringer wären, die amerikanische Inlandsinflation aber unverändert bliebe. Auch müßten die USA als kapitalreiches Land eigentlich einen Leistungsbilanzüberschuß wiedergewinnen, und dazu wäre ein Dollarkurs erforderlich, der die amerikanische Wirtschaft trotz ihrer Inflation international entsprechend wettbewerbsfähig macht. Wenn man den USA ihr Leistungsbilanzdefizit zum Vorwurf macht, so müßte man die Frage beantworten, wer von den kritisierenden Ländern in diesem Falle bereit ist, ein entsprechend größeres Leistungsbilanzdefizit durch eine Aufwertung hinzunehmen, da die Ersparnisse der Ölbesitzer ja schließlich stets irgendwo untergebracht werden müssen.

Die Fälle Italiens und Englands zeigen, daß Ansätze zu Teufelskreisen verhältnismäßig leicht unterbrochen werden können. Es genügt meist schon, wenn die bloße Erwartung hervorgerufen wird, daß die Inflationsrate abnimmt, anstatt anzusteigen, um eine Normalisierung einzuleiten. In Italien hat man zwar mit Methoden der Devisenbewirtschaftung operiert, sie hätten aber ohne eine gewisse Dämpfung der Inflation kaum Erfolg haben können. England hat gezeigt, daß die Devisenbewirtschaftung überflüssig ist, um den Wechselkurs zu stabilisieren. Die Abschaffung der altertümlichen britischen Devisenkontrollen hat eher internationales Vertrauen geweckt und das Pfund gestärkt. Diese Beispiele zeigen, mit wie wenig Solidität die Devisenmärkte zufrieden sind und wie dankbar, wenn die Regierungen auch nur spürbare Anzeichen von Vernunft erkennen lassen.

Der entgegengesetzte Fall einer allzu starken Aufwertung, wie er für die Schweiz beobachtet wurde, hat sich nicht als Katastrophe erwiesen. Eine gegenhaltende Geldexpansion und Politik niedriger Zinssätze kann Übertreibungen abbauen. Kritische Entwicklungen entstehen nur dann, wenn bei noch so niedrigen Zinssätzen eingeflossenes Fluchtkapital nicht in das Ausland zurückgeleitet werden kann, weil es nicht genügend rentable und auch das Inflationsrisiko mit abdeckende Anlagen außerhalb der Schweiz gibt. Bei den Erfahrungen, über die das schweizerische Banksystem in der Wiederanlage von Mitteln verfügt, darf das Problem nicht überschätzt werden.

Die Möglichkeit von krisenhaften Zuspitzungen wird jedoch verschärft, wenn die Zinspolitik dafür sorgt, daß die Realzinssätze stärker negativ sind als im Ausland. Dies traf für Italien,

Großbritannien und die USA für längere Zeit zu, mit geradezu lehrbuchhaften Folgen[4].

Eine Störungsquelle besonderer Art ist darin zu sehen, daß trotz beweglicher Wechselkurse die Währungsreserven der Notenbanken weiter angewachsen sind und die internationale Währungsdiplomatie unentwegt bemüht ist, die internationale Liquidität dieser Art weiter zu vermehren. Ein Teil der Währungsreserven, etwa Dollars, muß von den Notenbanken solcher Länder, deren Währungen nicht mehr an den Dollar gebunden sind, nicht mehr angekauft werden, wenn die Reserven vom Inhaberland eingesetzt werden. Insoweit wird auch nicht mehr zwangsläufig Inflation importiert. Das Streben geht aber dahin, diejenigen Reservemedien zu vermehren, für die Annahmezwang für die Notenbanken besteht, etwa Sonderziehungsrechte. Dadurch wird im Interesse inflationistischer Schuldnerländer der Zwang zur importierten Inflation wiederhergestellt, also ein wesentlicher Vorteil aufgehoben, den flexible Wechselkurse mit sich gebracht haben. Es bestehen Pläne, die im Besitz ausländischer Währungsbehörden befindlichen Dollars über ein Substitutionskonto in Sonderziehungsrechte umzuwandeln, um der von Triffin und anderen behaupteten Gefahr einer Vertrauenskrise gegenüber der amerikanischen Währung vorzubeugen. Damit würde die Gefahr der zwangsweise importierten Inflation bei den Ländern außerhalb der Dollarzone aus zwei Gründen stark erhöht:

1. Sie müßten Sonderziehungsrechte durch ihre Notenbanken ankaufen, wenn die Sonderziehungsrechte von einem Inflationsland in Anspruch genommen werden.

2. Die Rücksichtnahme der amerikanischen Währungspolitik auf die in ihrem Gebiet von ausländischen Währungsbehörden gehaltenen Dollars würde entfallen. Dadurch könnte die amerikanische Währungspolitik weiter enthemmt werden. Der

---

[4] Zur Relation von Verzinsung und Geldentwertung in verschiedenen Ländern vgl. BIZ-Bericht 1978/79, S. 60.

zwangsweise Ankauf ausländischer Währungen durch eine Notenbank bedeutet immer, daß sie ihre geldpolitische Autonomie insoweit verliert.

Ansätze zu einer Währungskrise ergeben sich daraus allerdings nur, wenn Beträge angeboten werden und aufgenommen werden müssen, die jede Möglichkeit einer gegensteuernden Stabilisierung ausschließen. Ein solches Ereignis ist zur Zeit kaum zu erwarten. Eine mit Sonderziehungsrechten überschwemmte Notenbank würde vermutlich den Ankauf vorübergehend einstellen.

Als gefährlich wird schließlich eine Entwicklung angesehen, die sich seit längerer Zeit anbahnt, nämlich die Verwendung mehrerer Währungen als Reserven und Interventionsmedien. Wenn eine solche Reservewährung weniger stabil wird als eine andere, besteht die Gefahr, daß die Notenbanken ihre Reserven umschichten und daß auch Private, die Transaktionskasse in verschiedenen Währungen halten, aus den schwächeren in die stärkeren Währungen wechseln. Bei flexiblen Kursen ist diese Bewegung zwar dadurch gehemmt, daß eine erhebliche Umschichtung zu Wechselkursänderungen führt, die der Bewegung Widerstand entgegensetzen. Die verkaufte Währung erfährt einen Kursverfall, die begehrte Währung wird aufgewertet. Trotzdem muß auch bei flexiblen Kursen eine Reservewährung vertrauenswürdig bleiben und auf voraneilende Inflation verzichten. Ob dies wirklich ein Nachteil ist und ob nicht das umgekehrte Greshamsche Gesetz eher im Sinne der Geldwertstabilität wirken könnte, sollte einmal genauer überdacht werden, als es gemeinhin bei denen geschieht, die *nur* den Dollar als Leit- und Reservewährung gelten lassen wollen[5].

---

[5] Auf dem Vorschlag eines Wettbewerbs der Währungen beruht das Konzept F. A. von Hayeks, über Parallelwährungen mit flexiblen Kursen zu größerer Geldwertstabilität zu kommen. F. A. von Hayek, Entnationalisierung des Geldes, Tübingen 1977.

V. Enthemmende und disziplinierende
Wirkungen des jetzigen Weltwährungssystems

Wie sich gezeigt hat, hängt die Wahrscheinlichkeit von internationalen Währungskrisen in erster Linie davon ab, ob die
wirtschafts- und währungspolitischen Instanzen auf Inflation
verzichten. Dies wiederum ist davon abhängig, ob die Folgen
von Fehlhandlungen schnell genug eintreten, um die Verursacher selber zu treffen, und ob denkbare Vorteile von Ver-
stößen gegen die wirtschaftliche Vernunft gering gehalten werden können.

Das jetzt bestehende internationale Währungssystem enthält
Elemente, die die Währungspolitik enthemmen können. Dazu
gehört vor allem das hohe Volumen an Währungsreserven, die
ja nicht nur dazu dienen können, übermäßige Abwertungsbe-
wegungen abzufangen, sondern auch dazu, die Folgen einer be-
wußten Inflationspolitik für die inländische Güterversorgung
auf Kosten des Auslandes zu dämpfen. Auch jene enthemmen-
den Faktoren, die sich schon in der Zeit der Stufenflexibilität
des Bretton-Woods-Systems störend bemerkbar gemacht haben,
sind weiterhin wirksam, nämlich die Möglichkeit, den Kapitalverkehr durch Devisenbewirtschaftung zu unterbinden und eher
die Paritäten zu ändern als den Vorrang der nationalstaatlichen
Inflationspolitik aufzugeben.

Trotzdem ist das jetzige System mit automatischen Bremsen
gegen inflatorische beggar-my-neighbour-Politik ausgestattet,
die das System von Bretton Woods nicht gekannt hat: Soweit
flexible Kurse bestehen und zugelassen werden, müssen die
Inflationsländer die Geldentwertung, die sie hervorrufen, selbst
allein verarbeiten, und zwar bei übertreibender Abwertung
ihrer Währung sogar mit einem abschreckenden Strafzuschlag.
Bewegte Klagen von Inflationspolitikern über „Overshooting“

und „Teufelskreise" kommen von Leuten, die nicht zu wissen vorgeben, daß die Inflation ein auf den Verursacher zurückwirkender Bumerang ist. Der flexible Kurs erhöht die Geschwindigkeit, mit der der inflationistische Bumerang auf den Werfenden zurückfällt.

Aber auch gegen politische Irrationalitäten enthält die Beweglichkeit der Wechselkurse wirksame Sanktionen: Wer durch politische Umleitungen von Kapital ein anderes Land stören will, verliert dabei um so mehr Kapital, je größer die Störung ist, die er hervorruft. Voraussetzung dafür ist allerdings, daß man die Wechselkurse frei ausschwingen läßt. Sollen dagegen die Schwingungen gemildert werden, dann darf die Freiheit der Kapitalbewegungen gerade nicht eingeschränkt werden, soweit diese Bewegungen kommerziellen Charakter haben. Wird dies beachtet, dann kann man sagen, daß das System gegenüber Narren sicherer geworden ist.

Allerdings dürfen die Fehler nicht übersehen werden, die auch im jetzigen System begangen werden können und die Mechanismen der Disziplinierung lahmlegen können, die es enthält. Kapitalverkehrskontrollen und Devisenbewirtschaftung, marktwidrige Zinspolitik und eine Geldpolitik, die Abwertungen und von außen kommende nachteilige Stöße wie die Ölpreiserhöhung mit Lockerungen der Bremsen beantwortet, ferner Währungsreserven und internationale Zwangskredite in einem Umfange, daß die Sünder vor den Folgen ihres währungspolitischen Versagens bewahrt und alle Nachteile der Inflation international sozialisiert werden, können die politische Disziplinierung hemmen, die im System angelegt ist.

Es spitzt sich demnach alles auf die Frage zu, ob das jetzige Weltwährungssystem den politischen Nutzen einer nationalstaatlichen Inflationspolitik genügend herabsetzt. Empirisch ist diese Frage umstritten, da man nicht a priori angeben kann, ob ein System mit flexiblen oder für längere Zeit festen Kursen stärker disziplinierende Kräfte enthält. Für das System von Bretton Woods haben sich die inflationspolitischen Kräfte als stärker erwiesen und den Übergang zu flexiblen Wechselkursen erzwungen. Die größere Kursbeweglichkeit hatte für eine größere Anzahl von Inflationsländern ziemlich unangenehme Folgen, so daß sie auf die Suche nach bequemeren Lösungen und den dafür zu propagierenden Theorien gegangen sind. Die Erkenntnis, daß man nun nicht mehr ohne weiteres die Inflationsfolgen auf das Ausland abwälzen kann, flexible Kurse vielmehr das Prinzip der unmittelbaren und in Gütern zu leistenden Zahlung enthalten, wird als peinlich empfunden. Man behauptet, die früheren Stabilitäts- und Überschußländer förderten die Weltinflation, weil sie jetzt nicht mehr bereit seien, Weichwährung zum Festkurs anzukaufen und der übrigen Welt preisdämpfende Exportüberschüsse anzudienen. Immerhin importieren die Stabilitätsländer aber nun nicht mehr in altem Umfange Inflation, sondern treiben höchstens aus eigener Torheit Inflationspolitik. Da die meisten Politiker rein nationalstaatlich denken, kommt es für sie nur auf die nationalstaatlichen Effekte des Weltwährungssystems an. Dabei zeigt sich, daß nun die Inflationsländer die Folgen ihrer Politik direkter zu spüren bekommen, so daß ein allmähliches Umdenken der Politiker nicht auszuschließen ist. Der Wechselkursmechanismus enthält die geschilderten Sonderstrafen für voraneilende Inflationspolitik. Das läßt hoffen. Außerdem kann er Stöße auffangen und Irrationalitäten dämpfen, so daß man ihn zur Zeit kaum entbehren kann.

VI. Anmerkungen zum
Europäischen Währungssystem

Was ist in diesem Zusammenhang vom Europäischen Währungssystem zu erwarten? Fördert es die Widerstandsfähigkeit gegenüber Währungskrisen und Inflation oder ist es eher geeignet, die nationalen Inflationstendenzen zu enthemmen? Oder ist es selber das Ergebnis einer bereits erreichten währungspolitischen Annäherung zwischen den teilnehmenden Ländern?

Bisher gibt es keine Anhaltspunkte dafür, daß das System einer Währungskrise zutreibt, aber auch keine Vermutung dafür, daß es einer solchen Krise standhalten würde. Die schon ein halbes Jahr nach der Gründung entstandenen Verzerrungen sind — vermutlich unzulänglich — durch eine Wechselkursbereinigung beantwortet worden. Es deuten sich aber schon wieder Spannungen im System an, und sie sind in der Tat bei den unverändert bestehenden Diskrepanzen in der Entwicklung der nationalen Preisniveaus schließlich unvermeidlich, selbst wenn es in Frankreich und Italien vorübergehend mit Devisenbewirtschaftung und Kapitalmarktlenkung gelingt, eine solche Entwicklung aufzuhalten. Auch die eingeleitete deutsche Anpassungsinflation wird vielleicht nicht ausreichen, die Wechselkurse dauerhaft innerhalb des Paritätengitters zu halten.

Nun haben öffentliche Stellen aus dieser Not eine Tugend gemacht und behauptet, das System sei darauf angelegt, rechtzeitige Kursbereinigungen ohne krisenhafte Zuspitzungen schnell und geräuschlos abzuwickeln. Zu diesem Zwecke seien die Abweichungsindikatoren eingeführt worden, die der Währungspolitik entsprechende Handlungssignale geben sollen. Einige Skepsis ist angebracht: Die Wechselkursänderungen erfordern wegen der Eigentümlichkeiten der Verrechnungseinheit, des

4*

ECU, ein Zusammenwirken aller Beteiligten, sind also politisch erschwert. Das System des Grenzausgleichs für die Agrarmärkte macht zusätzliche Schwierigkeiten gerade für die Bundesrepublik Deutschland, wenn sie sich durch eine Aufwertung der importierten Inflation aus den Partnerländern entziehen wollte. Ob wirklich die Wechselkursänderungen rechtzeitig vor sich gehen werden, darf ebenso bezweifelt werden wie die Zusicherung, daß sie für die Stabilitätsländer den stabilitätsgerechten Umfang haben werden.

Die Diskrepanzen der nationalen Geldwertpolitik innerhalb der Gemeinschaft sind eine in das System eingebaute Zeitbombe, deren Uhr regelmäßig durch Wechselkursbereinigungen zurückgestellt werden muß. Es ist nicht beabsichtigt, zwischen den Teilnehmerländern eine totale und unwiderrufliche Konvertierbarkeit der Währungen für sämtliche Zwecke einschließlich des Kapitalverkehrs einzuführen. Auch in dieser Hinsicht bleibt man bei dem Muster von Bretton Woods.

Die Folge hiervon ist, daß das EWS kein neuer währungspolitischer Pol ist, der sich nach manchen Vorstellungen die währungspolitische Führungsposition mit den USA teilen könnte. Eine sich bereits anbahnende Diversifizierung von Währungsreserven wird sich nach wie vor nur auf die DM richten, solange sie die härteste EWS-Währung bleibt und die Paritäten innerhalb des EWS nicht unwiderruflich und ohne Bandbreite fixiert sind, so daß die währungspolitische Autonomie der Einzelstaaten beendet wird.

Versuche, das System zu härten, indem etwa der ECU mit einer Wertgarantie ausgestattet wird, die für Inflations- und Abwertungsländer eine Nachschußpflicht erforderlich macht, sind bisher nicht erwogen worden. Auch den ECU als Parallelwährung beim Publikum zirkulieren zu lassen wird nicht geplant.

Solange die Wirtschafts- und Währungspolitik der Teilnehmerländer nicht harmonisiert ist, bleibt das EWS eine labile

Gründung von hoher Empfindlichkeit. Ansätze zu einer wirklich überzeugenden Harmonisierung auf der Grundlage von Geldwertstabilität sind nicht zu erkennen. Es zeigt sich also, daß auch dieser Weg nicht zu einer umfassenden und glaubwürdigen Neuordnung des internationalen Währungssystems führt. Infolgedessen werden wir weiterhin mit Wechselkursänderungen leben müssen.

Anhang: Überschuldung und Kreditkrisen

1. Die Ölpreissteigerungen haben die Ölausfuhrländer in die Lage versetzt, aus ihren Einnahmen in ungewöhnlichem Umfang Überschüsse zu erzielen, die sie nicht für den Import von Gütern verwenden, infolgedessen der übrigen Welt kreditieren müssen. Es entsteht damit das Problem, ob sich die übrige Welt weiterhin ohne die Gefahr von Kreditkrisen und von daraus folgenden Währungskrisen gegenüber den Ölexporteuren verschulden kann. Es wird teilweise erwartet, daß die bisher gefundenen Lösungen, etwa die Rückleitung der Überschüsse der Ölexporteure als Kredite an die ölverbrauchenden Länder über die internationalen Kapitalmärkte (Recycling) nicht mehr tauglich sein könnten, weil es nicht mehr genügend zahlungskräftige und vertrauenswürdige Schuldner in den ölverbrauchenden Ländern gebe. Würden deswegen die Anforderungen an die Bonität der Schuldner herabgesetzt werden, dann könnten die Banken in Schwierigkeiten kommen, insbesondere wenn die Ölexporteure ihre Einlagen zurückfordern und zum Ankauf von Gütern verwenden wollten. Käme es zu massenhaften Bankenzusammenbrüchen, so könnte eine Wirtschaftskrise entstehen, weil in diesem Falle nicht nur die Einlagen der Ölexporteure wertlos werden würden, sondern auch die Forderungen der sonstigen Einleger bei diesen Banken, insbesondere auch die Einlagen von Wirtschaftsunternehmungen, die durch derartige Verluste mit in die Krise des Bankensystems hineingezogen werden könnten. Eine internationale Währungskrise könnte dadurch in der Weise provoziert werden, daß sich die Bankenzusammenbrüche in bestimmten Volkswirtschaften (vor allem solchen, die als bevorzugte Anlageländer der Ölexporteure gedient haben) konzentrieren würden und die Einleger aus anderen Ländern panikartig aus den Währungen flüchten würden, die von solchen Bankenkrisen heimgesucht werden.

2. Es sind zur Klärung dieses Problems folgende Fragen zu beantworten:

a) Werden die Ölausfuhrländer weiterhin Überschüsse ansammeln, die zur Finanzierung ihres Einfuhrbedarfs nicht erforderlich sind, oder gibt es im Währungssystem angelegte Mechanismen, die sie dazu veranlassen könnten, ihre Überschüsse zu vermindern?

b) Was heißt „Überschuldung" eines Landes und gibt es Mechanismen, die dafür sorgen, daß sich die ölverbrauchenden Länder auch ohne Regierungseingriff nicht überschulden?

c) Sind die Banken gezwungen, Einlagen anzunehmen, und werden sie auf die Suche nach immer weniger zuverlässigen Schuldnern gehen, so daß das Risiko, das sie übernehmen, schließlich untragbar wird und ein Zusammenbruch des Bankensystems der westlichen Welt in greifbare Nähe rückt? Falls dies für möglich gehalten wird: Welche wirtschaftspolitischen Mittel der Abhilfe stehen zur Verfügung?

d) Was geschieht, wenn „Kreditketten" brechen, wie sie auf den Euro-Märkten beobachtet werden, und welche Folgen für das internationale Währungssystem lassen sich daraus ableiten?

e) Welche geld- und währungspolitischen Möglichkeiten stehen im gegenwärtigen geld- und währungspolitischen System der meisten Länder zur Verfügung, wenn eine Bankenkrise tatsächlich entstehen würde?

3. Zu 2 a): Weitere Ansammlung von Überschüssen durch die Ölausfuhrländer.

Diese Länder werden solche Überschüsse nur ansammeln, wenn sie

— einen in absehbarer Zukunft steigenden Einfuhrbedarf erwarten und dafür eine Art von Zwecksparen beabsichtigen. Die kurzfristige Anlageform empfiehlt sich in diesem Falle, allerdings nur dann, wenn dadurch nicht erhebliche Geldentwertungs- und Zinsverluste entstehen. Wird mit steigenden Ölpreisen gerechnet und läßt sich die Förderung im Falle wachsenden Einfuhrbedarfes der Ölexporteure erhöhen, dann kann darauf verzichtet werden, jetzt Überschüsse anzusammeln, weil das in der Erde zurückgehaltene Öl die bessere Zwecksparkasse darstellt. Sind allerdings energische Maßnahmen des Energiesparens und der Umstellung auf andere Energiequellen in den Abnehmerländern zu erwarten, dann könnte mit größerer Preiselastizität der Ölnachfrage und geringeren Ölpreissteigerungen in der Zukunft gerechnet werden. In diesem Falle wird das Ansammeln von Überschüssen in der Gegenwart vorgezogen. Diese Entscheidung wird begünstigt, wenn erwartet wird, daß in Zukunft der Importbedarf der wichtigeren Ölexporteure gleichzeitig wächst und sie möglicherweise alle zur gleichen Zeit Anstrengungen unternehmen, zurückgehaltenes Öl auf den Markt zu werfen. Natürlich können auch rein politische Gründe die Ölexporteure veranlassen, mehr Öl zu exportieren, als sie zur Deckung ihres gegenwärtigen Einfuhrbedarfs brauchen. Die möglichst zweckmäßige Anlage der Überschüsse wird dadurch nicht ausgeschlossen;

— zinstragende Vermögensanlagen erwerben wollen, um das eigene Einkommen aus dieser Quelle dauerhaft zu erhöhen. In diesem Falle wird eine weniger kurzfristige, dafür aber höhere Erträge bringende Auslandsanlage vorgezogen[1]. Bei solchen Anlageformen muß das Bankensystem nicht oder nicht mehr in dem sonst geltenden Umfang Risiko übernehmen und bei Ausleihungen die Fristigkeiten verlängern. Wenn dieses Resultat gewünscht wird, wäre es erforderlich, daß die riskanten und längerfristigen Anlagen höhere Erträge bringen. Demgegenüber sorgt die Politik der Schuldnerländer oft dafür, daß die realen Zinsen für längerfristige Anlagen niedriger sind. Dadurch werden die Ölexporteure

---

[1] Vgl. Karl Schiller, a. a. O.

in kurzfristigere Anlagen gedrängt. Diese Tendenz verschärft sich, wenn bei längerfristigen Anlagen zur Bekämpfung von Überfremdung staatliche Genehmigungspflichten und Hindernisse eingeführt werden.

Zusammenfassend ist festzustellen: Die Ansammlung von weiteren Überschüssen der Ölexporteure wird begünstigt, wenn

— fallende Ölpreise erwartet werden;

— in den Anlageländern Geldwertstabilität herrscht;

— die Zinssätze und Kapitalerträge in den Anlageländern hoch sind.

Sie wird abgeschreckt, wenn

— steigende Ölpreise erwartet werden, weil die Verbraucherländer keine Anstrengungen zur Umstellung ihres Energieverbrauchs und zur Erschließung neuer Energiequellen erkennen lassen;

— die Inflation in den Anlageländern fortschreitet;

— die Kapitalerträge in den Anlageländern gedrückt werden.

4. Zu 2 b): Das „Überschuldungsproblem".

Als Überschuldung eines Landes kann zunächst ein Zustand gelten, bei dem seine einzelnen Staatsbürger und öffentlichen Körperschaften in einem Maße Auslandskredit aufgenommen und für unproduktive Zwecke verwendet haben, daß die Aufbringung von Zinsen und Amortisationen in der Währung des Schuldnerlandes nicht mehr gesichert ist. Voraussetzung hierfür ist, daß die Gläubiger bei der Bonitätsprüfung der Schuldner nachlässig vorgegangen sind.

Die Regierung des Schuldnerlandes kann die Zurückhaltung der Auslandsgläubiger durch Garantien überwunden haben, muß dafür aber selber als vertrauenswürdig gelten. Auch die Regierungen der Gläubigerländer können Auslandskredite garantiert und damit eine Überschuldung der Schuldnerländer begünstigt haben. Politische Umwälzungen können aber alle

Staatsgarantien entwerten, eine wachsende Wirtschaft in eine Krise treiben und solvente Schuldner konkursreif machen.

Dieses Problem ist für die ölverbrauchenden entwickelten Industrieländer nicht in ihrer Gesamtheit, sondern schlimmstenfalls für einzelne Länder unter ihnen eine reale Möglichkeit. Das Volumen an Leistungsbilanzüberschüssen und damit an im Ausland angelegten Ersparnissen der ölexportierenden Länder ist im Vergleich zu der Summe an Ersparnissen, die in den entwickelten Industrieländern selber anfallen und investiert werden, nicht so bedeutend, daß unlösbare Probleme entstehen[2]. Im übrigen ist das Überschuldungsargument nicht auf das Gesamtvolumen an Kapitalexporten aus den Ölexportländern zu beziehen, sondern nur auf den Teil davon, der nicht in Form von Eigenkapital an Unternehmungen, in Immobilien oder ähnlichen Titeln angelegt wird; es handelt sich also nur um den Fremdkapitalanteil am Kapitalexport.

Aktuell ist das Problem der Überschuldung, solange es in der Form einer Überschuldung einzelner Wirtschaftseinheiten definiert wird, möglicherweise für viele Entwicklungsländer, und zwar deswegen, weil ihnen auf Betreiben nationaler und internationaler Instanzen Kredite zu weichen Bedingungen aufgedrängt worden sind, um ihnen Entwicklungshilfe zu leisten[3]. In solchen Fällen kann vielfach nicht einmal das Problem der inneren Aufbringung der Zins- und Amortisationssumme in heimischer Währung gelöst werden, so daß die Geberländer die Schuldsumme zu streichen haben, weil sie nicht einzutreiben ist.

---

[2] Vgl. Tabelle 1 und die Erläuterungen dazu.
Allein die gesamten privaten Ersparnisse in der Bundesrepublik Deutschland überstiegen in den Jahren 1973 - 77 die Leistungsbilanzüberschüsse aller OPEC-Länder für diesen Zeitraum.
Vgl. Tabelle 2; Deutsche Bundesbank, Monatsberichte der Deutschen Bundesbank, 28. Jg., Nr. 3, März 1976, S. 10 - 17; dsgl. 31. Jg. Nr. 5 Mai 1979, S. 34 - 57; dsgl. 32. Jg., Nr. 5, Mai 1980, S. 19.
[3] Zum Überschuldungsproblem von Entwicklungsländern: Fritz W. Meyer, Zahlungsbilanzprobleme der Entwicklungsländer, in: Jahrbuch für Sozialwissenschaft, Band 14 (1963), Festschrift für Andreas Predöhl, S. 361 - 373.

Es handelt sich um Kredite, die von vornherein als Geschenke anzusehen waren, aber aus Gründen der politischen Optik nicht als solche bezeichnet worden sind.

Ist zu erwarten, daß die ölverbrauchenden Entwicklungsländer wegen der Ölverteuerung solche weichen „Kredite", die immer eine Art von Zinssubvention im weitesten Sinne bedeuten, erhalten werden? Dies doch wohl nur, wenn die Regierungen entgegen den Marktkräften Risiken übernehmen, die das private Bankensystem von sich aus nicht übernommen hätte. Vor derartigen Verfahren ist zu warnen: Man sollte Geschenke offen ausweisen und der eigenen Bevölkerung nicht die Existenz gesamtwirtschaftlicher Vermögenswerte vorspiegeln, die in Wirklichkeit nicht vorhanden sind. Wenn die Forderungen ausfallen, sind nämlich aus dem öffentlichen Haushalt Verluste abzudecken, die ein Vielfaches der vorher gewährten Zinssubventionen ausmachen.

Dieses Problem mag auf sich beruhen, sofern die ölexportierenden Länder selber den von ihnen ausgebeuteten Entwicklungsländern nicht wieder einzubringende Kredite gewähren wollen. Es ist aber vollkommen abwegig, wenn die entwickelten Industrieländer zunächst normale Einlagen der ölexportierenden Länder bei sich aufnehmen und sich entsprechend verschulden, dann aber über Staatsgarantien und ähnliche marktwidrige Maßnahmen entgegen dem natürlichen Gefälle das private Bankensystem veranlassen, weiche Kredite an auf die Dauer nicht solvente Schuldner in Entwicklungsländern zu geben. Wollen die Industrieländer Hilfe gewähren, dann sollte dies im Wege unmittelbarer staatlicher Zahlungen geschehen, die sauber vom privaten Bankgeschäft getrennt werden.

Abwegig ist auch die Forderung, für die Defizitfinanzierung von Ölverbrauchsländern Kredite des Internationalen Währungsfonds in besonders weichen Formen bereitzustellen: Damit wird der Zwang gemindert, für kommerzielle Kredite genügende Bonität zu erwerben und ein solides Wirtschaftswachstum durch rationales wirtschaftspolitisches Verhalten anzuregen.

Außerdem wird die Inflation in den Ländern angeregt, die als Gläubiger z. B. Sonderziehungsrechte annehmen müssen. Wer weder kreditwürdig ist noch Geschenke erhalten soll, muß seine Öleinfuhren auf den Umfang beschränken, der mit seinen Exporterlösen finanziert werden kann. Insoweit bleibt das Problem des Recycling ungelöst. Die Suche nach neuen Energiequellen und Techniken der Energieeinsparung wird dadurch gerade in Entwicklungsländern angeregt, so daß sie ihr Wachstum nicht mehr auf veralteten Verfahren aufbauen.

Solange nur das Problem der Bonität und Solvenz einzelner ausländischer Schuldner betrachtet wird, dürfte das private Bankensystem in der Lage sein, überzogene Risiken im Durchschnitt zu vermeiden. Verbesserungen durch eine Art von internationaler Evidenzzentrale für gewährte Kredite sind vielleicht zu erwägen. Es gibt bisher keine Anhaltspunkte, daß das Bankensystem von sich aus danach strebt, überzogene Risiken auf sich zu nehmen. Dazu könnten nur Zusicherungen der Regierungen führen, daß im Notfall Staat und Notenbanken für Verluste aufkommen werden. Das Motiv der Regierungen für solche Garantien könnte darin liegen, daß man den eigenen Export fördern und zu diesem Zwecke gebundene Kredite auch an wenig zuverlässige Schuldner gewähren will.

Das Überschuldungsproblem hat allerdings noch einen gesamtwirtschaftlichen Aspekt, der darin besteht, daß im Zeitpunkt der Rückzahlung ein Transferproblem[4] entsteht, das heißt, daß die in heimischer Währung ordnungsgemäß aufgebrachten Zins- und Amortisationsbeträge nicht ohne Schwierigkeiten zu einem festen Wechselkurs in die Gläubigerwährung umgewechselt werden können. In oft sehr unklarer Weise wird davon gesprochen, daß ein Schuldnerland die Exportüberschüsse nicht erwirtschaften könne, die hierzu erforderlich seien. Allerdings tritt die Notwendigkeit zu solchen Exportüberschüssen im

---

[4] Vgl. Gottfried Haberler, Der internationale Handel, Berlin 1933, 9. Kapitel. (Die neuere Literatur ist in der Behandlung des Transferproblems weniger ergiebig.)

Normalfall langsam auf, so daß sich der Kreislauf der betroffenen Volkswirtschaften darauf einstellen kann[5]. Denn bei kontinuierlicher Kreditaufnahme beginnen die Rückzahlungen mit den zuerst aufgenommenen Krediten, und die Zinszahlungen wachsen allmählich mit Vergrößerung der Kreditsumme.

Die Gläubigerländer haben es in der Hand, das Problem durch eine liberale Einfuhrpolitik zu verringern oder durch Protektionismus zu verschärfen.

Zusammenfassend ist festzustellen:

Bei marktwirtschaftlichen Verfahren ist die Gefahr der Überschuldung ganzer Länder in dem Sinne, daß die Kreditnehmer ihren Pflichten in eigener Währung nicht nachkommen können, gering. Die privaten ausländischen Gläubiger werden in aller Regel ihre Schuldner sorgfältig auswählen. Da es keine Deflationen mehr gibt, kann die Aufbringung von Mitteln durch die Schuldner auch nicht an gesamtwirtschaftlicher Unterversorgung mit Geld scheitern.

Kreditgarantien durch Regierungen der Schuldner- und Gläubigerländer können allerdings Überschuldungen begünstigen. Außerdem können bisher kreditwürdige Länder durch politische Umwälzungen kreditunwürdig werden (Revolutionen, Enteignungen von Auslandsvermögen, Devisenbewirtschaftung).

Gesamtwirtschaftliche Transferprobleme, die man als Indikator für eine Art volkswirtschaftlicher Überschuldung bezeichnen könnte, sind bei Konvertierbarkeit der Währungen, freiem Handel und liberaler Einfuhrpolitik der Gläubigerländer lösbar. Sie werden verschärft, wenn die Regierungen der Schuldnerländer den Kapitaleinstrom in Form von Direktinvestitionen und längerfristigen Anlagen erschweren, weil damit kurzfristige Anlageformen begünstigt werden und bei plötzlichem Abzug großer Mittel das Transferproblem weniger leicht lösbar ist, denn die Handelsbilanz reagiert kurzfristig langsamer.

---

[5] Zu dem entsprechenden Umstellungsprozeß: Fritz W. Meyer, Der Ausgleich der Zahlungsbilanz, Jena 1938, S. 125 ff.

Im jetzigen Währungssystem werden die Regierungen der Schuldnerländer im Notfall wirklicher Transferprobleme die Rückzahlung von Schulden verhindern oder den Transfer durch Devisenbewirtschaftung aufschieben. Damit werden ihre Länder zwar kreditunwürdig, unmittelbare Schäden werden aber auf die Gläubigerländer abgewälzt.

5. Zu 2 c): Gefahren für das Bankensystem durch zunehmende Einlagen aus Ölexportländern.

In dem Augenblick, in dem ölimportierende Länder die Öleinfuhren mit eigener Währung oder der Währung eines Landes bezahlen, das nicht selbst Öl exportiert, ist bei Bezahlung mit Bankguthaben das Problem der Anlageform von eingezahlten Mitteln bereits gelöst; eine Veränderung auf der Aktivseite der Bankbilanzen findet nicht statt. Bei der Bezahlung des Öls handelt es sich lediglich um die Umbuchung von Giroforderungen gegenüber dem Bankensystem von den Konten der Ölverbraucher auf die Konten der Ölverkäufer (Passivtausch).

Die Ölverkäufer können ihre in der Regel unverzinslichen und Provisionen verzehrenden Guthaben stehen lassen. Das Bankensystem kann daraufhin mit Unterstützung der Notenbank die verminderte Umlaufsgeschwindigkeit der Depositen durch kompensierende Kredit- und Giralgeldschöpfung ausgleichen. Da die Notenbanken keine technischen Grenzen für die Zentralbankgeldschöpfung mehr beachten müssen, gibt es hierbei nicht mehr die noch in der Weltwirtschaftskrise beobachteten Probleme[6].

Die Ölverkäufer können aber auch über ihre Depositen verfügen, und zwar einmal zum Einkauf von Gütern: Damit werden die Depositen wieder auf die Konten von Bürgern der ölkaufenden Länder zurückgebucht. Oder die Ölverkäufer erwerben Wertpapiere bzw. gewinn- und zinsbringende Anlagen. In gleichem Umfange finden Umbuchungen der Depositen

---

[6] Vgl. hierzu: Hans Gestrich, Kredit und Sparen, 3. Aufl. Düsseldorf und München 1957.

zugunsten derjenigen statt, von denen die Ölverkäufer die Vermögenswerte erwerben. Das Bankensystem wird von Verpflichtungen gegenüber den Ölexporteuren entlastet. Denkbar ist auch, daß auf Termin- oder Sparkonten bzw. anderweitige Passiva der Banken mit höheren Zinserträgen für den Gläubiger, aber auch mit längeren Einlagefristen und verminderten Kündigungsmöglichkeiten umgebucht wird. Hierbei entsteht das Problem, daß entsprechende Erträge im Aktivgeschäft der Banken erwirtschaftet werden müssen, doch sorgen der Markt und der Wettbewerb der Einleger dafür, daß die Banken hierdurch nicht infolge überzogener Habenzinsen in Schwierigkeiten geraten. Keine Bank muß Termineinlagen annehmen und dafür Zinsen zahlen, die sie nicht erwirtschaften kann. Ist damit die Frage nach der Aufnahmefähigkeit des Bankensystems der nichtölexportierenden Länder für Einlagen der Ölverkäufer ein Scheinproblem? Nicht ganz, jedenfalls für denjenigen, der im Anschluß an keynesianische Vorstellungen aus der Weltwirtschaftskrise meint, es könne eine Liquiditätsfalle geben. Negative Habenzinsen seien nicht möglich, weil dann Bargeld gehalten werde. Die Banken müßten aber mindestens ihre Kosten decken, also eine positive Zinsspanne erzielen, zu deren Finanzierung die Kreditnehmer nicht in Gestalt eines angemessenen Sollzinses bereit seien, weil die Rentabilität von Investitionen zu niedrig sei. Es drohe eine Stagnation wegen der allzu großen Sparneigung der Ölexportländer. Den Ausweg, die Bonitätsanforderungen bei Krediten zu senken und höhere Risiken zu übernehmen, könnten die Banken gerade bei stagnierender Wirtschaft nicht wählen.

Die Möglichkeit, daß die erzielbaren Sollzinsen in den entwickelten Industrieländern auf ein derartig niedriges Niveau fallen, daß sich solche Tendenzen durchsetzen, kann als sehr entlegen angesehen werden. Natürlich kann die Wirtschaftspolitik ein investitionsfeindliches Klima schaffen, so daß es in der Tat schwierig wird, genügend zu Zinszahlungen bereite Schuldner zu finden. Der objektive Kapitalbedarf, wie er allein

in der Energiewirtschaft für die Entwicklung neuer Energieträger entsteht, ist jedoch so groß, daß alle derartigen Stagnationsbefürchtungen bei halbwegs rationaler Wirtschaftspolitik
in das Reich der Fabel verbannt werden können. Die Banken
sind demnach nicht gezwungen, unsoliden Schuldnern Kredite
zu gewähren, auch nicht die Euro-Banken. Solange der Staat
nicht Garantien gewährt, ist es unwahrscheinlich, daß die
Banken ihre Risiken in so großem Umfang ausdehnen werden,
daß sie unter normalen Umständen in Schwierigkeiten kommen.
Bankiers sind keine Selbstmörder. Selbst wenn aber solche Tendenzen bestehen würden, ist die Wirtschaftspolitik dagegen
nicht machtlos: Die Staaten haben es in der Hand, durch Maßnahmen der Bankenaufsicht Auswüchse zu begrenzen[7].

Das Problem, geeignete Schuldner zu finden, kann allerdings
für einzelne Banken oder für Banken bestimmter Länder dann
entstehen, wenn sie Überweisungen von anderen Banken oder
aus dem Bankensystem anderer Länder erhalten.

Innerhalb desselben Währungsraumes muß damit ein Zufluß
von Zentralbankgeld einhergehen, das die empfangende Bank
allerdings dazu verwenden kann, die Aktiva anzukaufen, die
bei der überweisenden Bank als Gegenposten vorhanden gewesen sein müssen. Immerhin können aber diese Aktiva nicht
solide genug oder zu unrentabel gewesen sein, so daß nun das
Problem gelöst werden muß, wie bessere Anlagemöglichkeiten
gefunden werden können. Finden sich derartige Anlagetitel
nicht, dann müßten die Banken erwägen, für die Depositen besonders hohe Provisionen zu berechnen, gleichsam Gebühren für
die Geldaufbewahrung, damit die Einleger dazu angeregt werden, unmittelbar Zentralbankgeld zu halten. Der Fall ist außerordentlich unrealistisch und dient nur dazu, das Prinzip klarzumachen, das auch im internationalen Überweisungsverkehr
gelten müßte.

---

[7] Das Bundesaufsichtsamt für das Kreditwesen verlangt nunmehr
Berichte, die das jeweilige Risiko von Auslandskrediten der Banken
darstellen; vgl. Artikel „Länderrisiken der Banken unter der Lupe",
Handelsblatt Nr. 19 v. 28. 1. 1980.

Ein Land könnte eine besonders solide und anerkannte Währung besitzen, so daß z. B. die Ölverkäufer ihre Überschüsse besonders gern in dieser Währung anlegen. Bei flexiblen Kursen könnte diese bevorzugte Anlagewährung aufgewertet werden, falls ihre Banken nicht im Gegenstrom profitable Auslandsanlagen finden. Gerät damit das Bankensystem des bevorzugten Anlagelandes in Schwierigkeiten, so daß es entweder unrentabel wird oder zu hohe Risiken auf sich nehmen muß?

Die Anlage im Zuflußland könnte bei unzulänglicher Investitionsbereitschaft der Inländer auf Hindernisse stoßen. Dies hängt allerdings von der Zinsempfindlichkeit der Inlandsinvestitionen ab, die nicht immer so gering ist, wie oft angenommen wird. Nehmen wir aber den ungünstigen Fall an, daß die Inlandsanlage, die mit keinem Währungsrisiko verbunden ist, trotz Zinssenkung nur unter starker Senkung der Bonitätsanforderungen möglich ist, so daß sie abzulehnen wäre.

Ist dann die Rückschleusung der Mittel in die Länder, die ihre Ölrechnung zunächst voll in der Währung des Anlagelandes haben bezahlen müssen, ohne untragbare Risiken möglich? Dies hängt vom Soliditätsgrad der Währungs- und Wirtschaftspolitik der Länder ab, in denen die Ölverkäufer ihre Mittel nicht haben anlegen wollen. Sind politische Präferenzen oder Informationsmängel bei den Ölverkäufern nicht im Spiel, haben sie also, was sicher unrealistisch ist, den gleichen Informationsstand über solide und rentable Investitionsmöglichkeiten wie die berufsmäßigen Kreditgeber und Kreditvermittler, nämlich die Banken, dann scheint der Ausweg einer Rückschleusung der Ölgelder in die Herkunftsländer verstopft.

Aber die Banken der Anlageländer sind hiergegen keineswegs wehrlos. Sie können die Bedingungen festlegen, zu denen die Ölverkäufer bei ihnen anlegen dürfen. Die Provisionen für die Kontenführung können schließlich so hoch festgelegt werden, daß die Ausländer mit einer Art von Negativzins bestraft werden und überlegen, ob eine Auslandsanlage nicht vergleichsweise günstiger ist. Durch marktgerechte Kostenzuweisung für die Anlage in Depositen eines als Anlagehafen begehrten Landes können die Ausländer ebenso wie die Inländer in rentablere, aber risikoreichere Anlageformen gedrängt werden. Damit sinken die Inlandszinssätze des Anlagelandes relativ zum Ausland, womit ein sekundärer Kapitalexport angeregt wird.

Funktioniert aber selbst dieser Mechanismus nicht, dann können die Ölverkäufer rein marktwirtschaftlich in riskantere Anlageformen gezwungen werden, indem die Banken des Anlagelandes aus Mangel an befriedigenden Verwendungsmöglichkeiten der Gegenwerte die Einlagen kündigen. Die Ölstaaten erhalten dann Zentralbankgeld, also Einlagen bei der Zentralbank des Anlagelandes. Zu welchen Bedingungen sie dort Depositen halten dürfen, bestimmt die Zentralbank, die entsprechend hart vorgehen kann, um den unerwünschten Einlegern diese Anlageform zu verleiden.

Zusammenfassend ist festzustellen: Im Augenblick der Bezahlung von Öleinfuhren gibt es praktisch kein Anlageproblem für die Banken, weil mit Depositen bezahlt wird, denen bereits ein Aktivum gegenübersteht. Probleme entstehen erst dann, wenn die Ölverkäufer die empfangenen Depositen anderweitig verwenden wollen, sei es in Form höher verzinslicher Bankeinlagen, sei es im Bankensystem bevorzugter Anlageländer. In beiden Fällen bestimmt das Bankensystem, zu welchen Bedingungen dies möglich ist. Voraussetzung ist nur, daß sich die Banken von der Vorstellung lösen, jede beliebige Einlage müsse unter allen Umständen angenommen werden. Die Zentralbank des Anlagelandes kann dazu beitragen, das Anlagerisiko von den Banken auf die Ölverkäufer zu verlagern[8].

---

[8] Die Erkenntnis, daß dies nötig ist, setzt sich bei Bankpraktikern immer mehr durch: vgl. Art. „Die Ölstaaten müssen das Kreditrisiko selbst tragen", Handelsblatt Nr. 19 v. 28. 1. 1980.

6. Zu 2 d): Die Gefahr, daß „Kreditketten" brechen, insbesondere am Euromarkt.

Nicht nur an den Euromärkten können Kreditketten entstehen, indem zwischen Banken oder anderen Einrichtungen Ansprüche auf inländisches oder ausländisches Geld weitervermittelt werden, bis sie schließlich von einem definitiven Schuldner zum Erwerb von Gütern verwendet werden, die nicht Geld sind. Die Gefahr, daß ein solcher Schuldner nicht zahlt, besteht. Zu einer Gefahr für eine Bank wird dies nur, wenn ein großer Teil ihrer Schuldner zahlungsunfähig oder zahlungsunwillig wird. Zu einer Gefahr für das Weltwährungssystem kann eine solche Erscheinung erst werden, wenn eine sehr große Bank oder zahlreiche Banken unter Insolvenzen ihrer Schuldner zu leiden haben und es sich obendrein um Schulden in einer Währung handelt, die von der Zentralbank desjenigen Landes, in dem sich die Bankenprobleme dieser Art häufen, nicht geschaffen werden kann.

Im Beispielsfall der Euromärkte ergäbe sich folgendes: Eine größere Zahl von Endschuldnern zahlt nicht. Die Banken, die unmittelbar Gläubiger des Endschuldners sind, erleiden Verluste, meist in der Währung eines Landes, in dem diese Banken nicht ansässig sind. Im schlimmsten Falle müssen diese Banken Konkurs anmelden. Ihre verbliebenen Aktiva gehen in die Konkursmasse ein und mildern unter Umständen die Verluste, die bei der vorgelagerten Bank entstehen. Je länger die Kreditkette ist, desto mehr verdünnen sich die Verluste dadurch, daß noch verwertbare Aktiva derjenigen Banken vorhanden sind, die in der Kreditkette dem Schuldner näher stehen. Voraussetzung dafür ist natürlich, daß die Banken ihre Risiken gestreut haben und nicht alle ihre Aktiva gleichzeitig dubios werden. Diesen Fall kann man unter jetzigen Bedingungen als vollkommen unrealistisch ausschließen, weil schon das Eigeninteresse der Banken und die Bankenaufsicht so etwas verhindern.

Nehmen wir aber einmal den ungünstigsten Fall an, daß die Kreditketten auf ihrer ganzen Länge zusammenbrechen und dies nicht eine vereinzelte Erscheinung, sondern ein weltwirtschaftlich bedeutsames Massenphänomen ist. Was würde das währungstechnisch bedeuten? Der insolvent gewordene Schuldner, dem z. B. von einer Eurobank Dollars vermittelt worden sind, hat sie längst verwendet, so daß sie z. B. auf das Girokonto eines amerikanischen Exporteurs umgebucht worden sind. Eine amerikanische Geldvernichtung hat damit nicht oder nicht in anomaler Form stattgefunden, bei der die Kreditschöpfungsfähigkeit des amerikanischen Geschäftsbankensystems durch Entzug von Zentralbankgeld leidet. Da die Depositen, die bei einer Eurobank in Dollars gehalten werden, normalerweise nicht der Zirkulation unter amerikanischen Nichtbanken zum Zwecke der Finanzierung von Güterumsätzen dienen, ruft der Zusammenbruch solcher Kreditketten nicht unmittelbar eine inneramerikanische Geldvernichtung hervor. Gäbe es eine solche Geldvernichtung, dann könnte sie von der amerikanischen Geldpolitik kompensiert werden.

Was bedeutet auf der anderen Seite der Zusammenbruch von Eurobanken für die Länder, in denen die Eurobanken angesiedelt sind? Sofern diese Eurobanken rechtlich selbständig sind und ausschließlich Eurogeschäfte in fremden Währungen ausführen, wird das inländische Bankensystem nicht direkt betroffen. Nur wenn normale inländische Geschäftsbanken auch das Eurogeschäft betreiben, können sie in Schwierigkeiten geraten; ferner können Verluste entstehen, wenn eine inländische Geschäftsbank zwar rechtlich von einer Eurobank getrennt ist, aber Beteiligungen an dieser Eurobank besitzt, die im Konkursfall abgeschrieben werden müssen. Inländische Geschäftsbanken können ferner dadurch betroffen sein, daß diejenigen inländischen Banken oder Nichtbanken, die eine originäre Dollareinlage bei einer amerikanischen Geschäftsbank an eine Eurobank zuerst weiterverliehen haben, nun ihre Forderung abschreiben müssen. Inländische Banken oder ihre Kunden erleiden dann Verluste. Soweit daraus inländische Bankenkonkurse entstehen, kann die inländische Notenbank verhindern, daß mit der Depositenvernichtung eine Verringerung der gesamtwirtschaftlichen Geldmenge einhergeht. Die Trennung von gesamtwirtschaftlich bedeutungsvollen Bankenkonkursen von der weiteren Entwicklung der Geldmenge gehört in diesem Falle zu den wichtigsten Aufgaben der Notenbank, die aber durchaus lösbar sind: Die Notenbank (oder der Fiskus) muß die Depositen — vielleicht durch eine zu diesem Zweck gegründete Tochterbank — vorübergehend übernehmen oder bei anderen Banken neue Depositen durch geldpolitische Lockerungen ermöglichen, sie muß aber gleichzeitig den Bankenkonkurs und die Schließung einer insolventen Bank erzwingen oder zulassen, damit nicht im Vertrauen auf die Hilfe der Notenbank unsolides Verhalten der Banken erleichtert wird.

Welche Wirkungen könnte ein massenhafter Zusammenbruch von Eurokreditketten für das internationale Währungssystem haben? Soweit Eurobanken mit den nationalen Währungssystemen verzahnt sind, könnte eine Kapitalflucht aus solchen Ländern einsetzen, in denen die zusammenbrechenden Eurobanken vorzugsweise beheimatet sind. Bei flexiblen Wechselkursen geht damit keine Geldvernichtung im Kapitalabflußland einher. Soweit sie aus Gründen der Depositenvernichtung im Konkurs zustande kommt, kann die nationale Geldpolitik eine deflatorische Abnahme der Geldmenge wirksam verhindern. Die primäre Krise wird damit auf ihren Ursprungsherd begrenzt. Der flexible Wechselkurs bestraft außerdem die Kapitalflucht durch Kursänderungsverluste.

Zusammenfassend läßt sich sagen: Der Zusammenbruch von Kreditketten als Massenphänomen, so unwahrscheinlich er ist, kann gerade im jetzigen Währungssystem besonders gut aufgefangen werden.

7. Zu 2 e): Möglichkeiten der Geld- und Währungspolitik im Falle einer Bankenkrise.

Die vorangehenden Ausführungen haben gezeigt, daß der Geld- und Währungspolitik heute genügend Instrumente zur Verfügung stehen, um die Folgen einer Bankenkrise einzugrenzen und eine Entwicklung zu verhindern, die noch in der Weltwirtschaftskrise nach 1929 beobachtet worden ist. Die Notenbanken müssen keine Deflationen zulassen. Tatsächlich sind Verminderungen der Geldmenge mit einer so gut wie ausgestorbenen Tierart zu vergleichen. Es ist nicht erforderlich, Kapitalfluchtbewegungen durch Stützung falsch gewordener Wechselkurse zu erleichtern. Es ist nicht erforderlich, den Ölverkäufern das Anlagerisiko abzunehmen. Es gibt keinen Grund, die Freiheit des internationalen Zahlungsverkehrs aus Furcht vor Überschuldung und Kreditkrisen einzuschränken; solche Krisen werden vielmehr im Gegenteil durch merkantilistische Regierungseingriffe, Kapitalverkehrskontrollen, weiche Kreditkonditionen entgegen dem Marktgefälle und dergleichen begünstigt. Statt einer internationalen Währungspolitik der schweren dirigistischen Hand sind korrigierende staatliche Eingriffe erforderlich, die dafür sorgen, daß den Ölverkäufern die von ihnen zum Teil verschuldeten Probleme zur Lösung zugeschoben werden, daß ferner die Bankenaufsicht eine Tendenz zu überzogenen Risiken eindämmen kann und daß vor allem die Gläubiger international einen besseren Überblick über die Verläßlichkeit der Schuldner erhalten.

8. Wenn Überlegungen und Erfahrungen zu dem Ergebnis führen, daß die Probleme der Überschuldung und der Kreditkrisen im jetzt bestehenden internationalen Währungssystem nicht überschätzt werden dürfen, so bedeutet das nicht, daß die Steigerung der Ölpreise ein wirtschaftlich harmloser Vorgang wäre. Es ist sehr wohl möglich, daß bei geringer Rentabilität und Sicherheit einer Vermögensanlage außerhalb der Ölexportländer diese Ölverkäufer ihre Öllieferungen auf den Umfang beschränken, den sie zur Finanzierung ihrer Einfuhren für erforderlich halten. Da dann die Leistungsbilanzen der Ölverkaufsländer mindestens nicht mehr wegen ihrer Ölverkäufe

aktiv sind, kann auch die Leistungsbilanz der übrigen Welt nicht mehr deswegen passiv sein. Alles importierte Öl muß in Warenform und in Geldwerten bar bezahlt werden und wird nicht mehr von den Ölverkäufern auf Kredit geliefert. Das bedeutet wahrscheinlich eine abermalige starke Ölpreissteigerung und Energieverknappung, außerdem aber den Zwang für die Ölimportländer, ihren Lebensstandard den verschlechterten Tauschbedingungen anzupassen und im übrigen entschiedener als bisher den Ölverbrauch einzuschränken und zu anderen Energiequellen überzugehen.

Bei ausgeglichener Leistungsbilanz der Ölverkäufer bilden sie kein zusätzliches Auslandsvermögen mehr, so daß es auch kein Problem mehr gibt, wo die Überschüsse der Ölexporteure angelegt werden sollen. Weder Überschuldung noch Kreditkrisen kann es dann deswegen geben, weil die übrige Welt von den Ölexporteuren Kredit bekommt und deren Vermögen verwalten muß. Ob eine solche Situation unbedingter weltwirtschaftlicher Barzahlung jedoch für die Ölverbraucher günstiger ist als der jetzige Zustand, muß bezweifelt werden.

Tabelle 1

Die volkswirtschaftliche Bruttosparsumme[a] **und die Ersparnis der privaten Haushalte aus den verfügbaren Einkommen in den sieben wichtigsten Industrieländern der OECD für das Jahr 1978 sowie der durchschnittliche jährliche Überschuß der Leistungsbilanzen aller OPEC-Länder in den Jahren 1974 - 1979, in Mrd. U.S.-Dollar**

	Volkswirtschaftliche Gesamtersparnis brutto[a]	Ersparnis der privaten Haushalte aus dem verfügbaren Einkommen	durchschnittlicher jährlicher Leistungsbilanzüberschuß der OPEC-Länder in den Jahren 1974 - 1979[b]
Vereinigte Staaten	583,4	72,6	
Japan	k. A.	143,2	
Bundesrepublik Deutschland	175,1	51,3	
Frankreich	105,6	64,2	
Großbritannien	80,2	33,0	
Italien	86,1	61,9	
Kanada	54,7	16,5	
	1 085,1	442,7	37,2

Quellen: OECD, Economic Outlook, Vol. 26, Dezember 1979, S. 119, 121; OECD, Financial Statistics, Jg. 13, 1. Band (1979).

[a] Bruttosparsumme plus Nettokapitaltransfer plus statistische Anpassungen der Bankinstitutionen (Geschäftsbanken, Zentralbank), der Unternehmen außerhalb des Bankensektors sowie der öffentlichen und privaten Haushalte.

[b] Es wurde der Durchschnitt der Jahre 1974 bis 1979 gewählt, um die Schwankungen der Überschüsse besser zu berücksichtigen, insbesondere um eine Verzerrung durch den Extremwert für das Jahr 1978 (vgl. Tabelle 2) zu vermeiden.

Erläuterung:

Vereinfachend können die Leistungsbilanzüberschüsse der OPEC-Länder als in der übrigen Welt anzulegende Netto-Ersparnisse angesehen werden. Um die dadurch entstehenden Anlage- und Investitionsprobleme in ihrer Größenordnung abschätzen zu können, ist ein Vergleich mit der normalen volkswirtschaftlichen Nettosparsumme wichtiger Anlageländer zweckmäßig. Die volkswirtschaftliche Nettosparsumme dieser Länder, die man den Leistungsbilanzüberschüssen der OPEC-Länder gegenüberstellen muß, um eine sinnvolle Relation bilden zu können, wird zwischen der volkswirtschaftlichen Gesamtersparnis (brutto) und den Ersparnissen der privaten Haushalte aus dem verfügbaren Volkseinkommen liegen. Bereits die Zahlen für die sechs bzw. sieben größten OECD-Länder zeigen eindrucksvoll, daß die anlagefähigen Überschüsse der OPEC-Länder nur einen Bruchteil der Ersparnisse der Anlageländer ausmachen. Wenn man die Überschüsse der OPEC-Länder der Weltsparsumme gegenüberstellt, also das Sparvolumen so wichtiger Länder wie zum Beispiel der Schweiz, Schwedens, Norwegens, Österreichs, Spaniens, Südafrikas, Brasiliens, Mexikos, Australiens, Neuseelands, Taiwans, Koreas, Indiens und Pakistans mit einbezieht, wird die Relation noch kleiner. Daraus ist abzulesen, daß das Spar- und Anlagevolumen der OPEC-Länder eigentlich ohne nachhaltige Störungen absorbiert werden könnte. Die durchschnittlichen jährlichen Leistungsbilanzüberschüsse der OPEC-Länder in den Jahren 1974 - 1979 machten nur 8,4 % der Ersparnis der privaten Haushalte der in Tabelle 1 aufgeführten 7 Anlageländer aus.

Tabelle 2

Zusammengefaßte Leistungsbilanztransaktionen der OPEC-Länder 1973 - 79*

	1973	1974	1975	1976	1977	1978	1979
				Milliarden US-Dollar			
Ausfuhr (fob)	40	121	113	137	151	146	217
Einfuhr (fob)	–21	–38	–59	–71	–89	–104	–105
Saldo der Handelsbilanz	19	83	54	66	62	42	112
Dienstleistungen und private Übertragungen (netto)	–12	–14	–19	–26	–31	–37	–43
Offizielle Übertragungen (netto)	– 1	– 2	– 4	– 4	– 5	– 5	– 6
Saldo der Leistungsbilanz	6	67	31	36	26	0	63
davon:							
Länder mit relativ geringer Absorptionsfähigkeit	5	40	24	29	24	10	36
Länder mit relativ hoher Absorptionsfähigkeit	1	27	7	7	2	–10	27

* Mitglieder der Organisation erdölexportierender Staaten (Algerien, Ecuador, Gabun, Indonesien, Irak, Iran, Katar, Kuwait, Libyen, Nigeria, Saudi-Arabien, Venezuela, Vereinigte Arabische Emirate) sowie Bahrain und Oman.

Quelle: Bank für Internationalen Zahlungsausgleich, 50. Jahresbericht, Basel, den 9. Juni 1980, S. 91.

Tabelle 3

**Die Verwendung der anlagefähigen Überschüsse der Ölausfuhrländer
von 1974 bis 1979 (Schätzung)**

	1974	1975	1976	1977	1978	1979	1974–78
	Milliarden US-Dollar						
Bankguthaben und Geldmarkt-anlagen:							
Dollarguthaben in den USA	1,9	1,1	1,8	0,4	0,8	4,9	6,0
Sterlingguthaben in Groß-britannien	1,7	0,2	−1,4	0,3	0,2	1,4	1,0
Einlagen auf Fremdwährungs-märkten	22,8	9,1	12,1	10,6	3,0	31,2	57,6
Schatzwechsel in den USA und Großbritannien	4,8	0,6	−1,0	−1,1	−0,8	3,4	2,5
Insgesamt	31,2	11,0	11,5	10,2	3,2	40,9	67,1
Langfristige Anlagen:							
Besondere bilaterale Verein-barungen und sonstige Anlagen	11,8	12,4	12,2	12,7	8,7	11,8	57,8
Darlehen an internationale Behörden	3,5	4,0	2,0	0,3	0,1	−0,4	9,9
Staatspapiere in den USA und Großbritannien	1,1	2,2	4,1	4,5	−1,8	−0,9	10,1
Sonstige[a]	8,7	6,1	8,5	5,8	3,3	2,4	32,4
Insgesamt[b]	25,1	24,7	26,8	23,3	10,3	12,9	110,2
Neuanlagen insgesamt	56,3	35,7	38,3	33,5	13,5	53,8	177,3

[a] Einschließlich Aktien und Immobilien in den USA und in Groß-britannien sowie Gewährung von Fremdwährungskrediten.

[b] Die in dieser Tabelle angegebenen Gesamtzahlen stimmen nicht mit den in der Tabelle 2 ausgewiesenen Angaben über die gesamte OPEC-Leistungsbilanz überein; in den Abweichungen zwischen diesen beiden Statistiken schlagen sich im wesentlichen Handelskredite und die Kreditaufnahme von OPEC-Ländern im Ausland nieder.

Quelle: Bank für Internationalen Zahlungsausgleich, 50. Jahresbericht, Basel, den 9. Juni 1980, S. 108.

Zusammenfassung der Aussprache

1. Überschuldung — Gefahr für das Währungssystem?

Das internationale Währungssystem der flexiblen Kurse ist gerade heute schweren Belastungen ausgesetzt. Definitionsfrage mag es sein, wann man von „Krise" spricht; doch die Sorge, es könne zu tiefen, unabsehbaren, systemgefährdenden Einbrüchen kommen, ist weit verbreitet.

a) Die *größte Gefahr* für die internationale Währungsstabilität sehen viele in den *Ölgeldern*. Das *Recycling* ist zwar in den Jahren nach 1973 im wesentlichen gelungen, es funktioniert auch zur Zeit noch. Immerhin wird aber auf gewichtige Unterschiede hingewiesen: Im Gegensatz zu früher könne das Ölgeld nicht mehr so weitgehend für Importe der Ölexportländer ausgegeben werden; nach 1973 sei das allgemeine Vertrauen zum Dollar größer gewesen als heute, wenn auch nicht verkannt wird, daß es vielleicht gerade die Ölexportländer sind, welche zur Zeit dieses Vertrauen stützen.

b) Vor allem erhebt sich jedoch die Frage, ob nicht *Grenzen des Recycling* sichtbar werden. Es sei zu einer mächtigen Kreditausweitung gekommen, zu einer wahren *Kreditinflation* im internationalen Bereich. Die Banken waren und sind bereit, in größtem Umfang im Ausland Finanzierungen durchzuführen, um die Ölgelder anzulegen. Diese Auslandsanlagen verstärken sich neuerdings noch: Weitere Kreditgeber schalten sich in beachtlichem Umfang ein — Genossenschaftsbanken, nunmehr auch Sparkassen. Da die Quote ihrer Auslandskredite bisher niedrig war, sehen sie keinen Grund zur Zurückhaltung.

c) Diese Kreditausweitung bedroht nicht wenige Staaten mit *Überschuldung*. Brasilien etwa sei in eine derartige Größenordnung von Defiziten hineingeraten, daß es weitere Kredite nur mehr dazu aufnehmen müsse, die Zinsen der früheren Kredite sowie die Ölrechnung zu bezahlen. Andere Länder, etwa Polen, könnten sich praktisch kaum mehr Kredite leisten.

Eine reale Übertragung von Kapital in solche Länder durch Anlage von Ölgeldern finde daher praktisch nicht mehr statt; die letztlich entscheidende Produktivität werde nicht gesteigert, die Rückzahlungsprobleme müßten sich verstärken. Die europäischen Kreditgeber seien übrigens hier besonders gefährdet, da sie sich gerade in letzter Zeit viel weitergehend engagiert hätten als ihre amerikanischen Konkurrenten. Vor allem in der Praxis wird daher befürchtet, daß hier eine große Krise, vergleichbar der von 1929/30, nicht auszuschließen sei. Werde andererseits das Recycling gebremst, so drohten ebenfalls monetäre Ungleichgewichte.

d) *Das Recycling kann nach verbreiteter Ansicht überzogen werden.* Die unterentwickelten Länder haben tatsächlich in größtem Ausmaß Kredite aufgenommen — in manchen Fällen wurde die Hälfte, ja bis zu zwei Dritteln ihres Leistungsbilanzdefizits von Banken der Industrieländer abgedeckt. Unbestritten ist, daß das Recycling nicht etwa automatisch „die Armen reich macht". Doch es wird darauf hingewiesen, daß das *Währungssystem selbst Mechanismen* der Krisenvermeidung bereitstellt: Die Transferprobleme werden *über die Wechselkurse* gelöst.

Wenn etwa Brasilien sich überschuldet und in Transferschwierigkeiten gerät, so wird es seine eigene Währung *abwerten* müssen. Eine Krise nach dem Vorgang von 1929/30 findet dann nicht statt. Sie führte ja letztlich dadurch zum Zusammenbruch, daß die Amerikaner Kredite gegeben hatten, die in Dollars zurückzuzahlen waren und mit einem Mal abgezogen wurden. Derartiges kann sich bei Überschuldung einzelner Länder bei flexiblen Wechselkursen nicht wiederholen; die Abwertung ihrer Währung mag ihre Wirtschaft treffen, es kann hier bei einzelnen Kreditgebern zu Konkursen kommen — das Währungssystem als solches hält. Und selbst wenn hier die Grenzen des Recycling erreicht sein sollten und die Entwicklungsländer keine weiteren Ölgelder-Kredite mehr aufnehmen könnten, so müßten sie eben ihre „Ölrechnung in bar bezahlen", durch eigene Exporte — es käme zu einer Anpassung ihrer Struktur an die Einfuhr- und Kreditbereitschaft der Ölexportländer.

e) Selbst wenn es also durch Überschuldung zu Ungleichgewichten kommen sollte, so können diese weitgehend durch das Währungssystem aufgefangen werden. Es sind jedoch auch gewisse *Hoffnungen in die Entwicklungsländer* durchaus nicht unbegründet: Immerhin haben viele von ihnen in letzter Zeit an Vertrauenswürdigkeit gewonnen; Verschuldung im Rahmen des Recycling hat es ihnen sogar erlaubt, sich Währungsreserven zu schaffen.

Die Entwicklungsländer werden also insgesamt doch wohl aufnahmefähiger für Kredite. Gerade eine starke Verschuldung dürfte übrigens eine notwendige Entwicklungsstufe sein — die Entwicklungsländer des 19. Jahrhunderts haben zum Teil noch viel weitergehende Kapitaleinfuhren erlebt und entsprechende Belastungen getragen.

So sind denn Recycling und Überschuldung *Anlaß zur Vorsicht,* nicht zur Krisenangst — noch nicht, solange es nicht gleichzeitig und in vielen Ländern zu schuldner- und insolvenzbedingten Zusammenbrüchen kommt.

2. Leistungsfähigkeit des Bankensystems?

a) *Das Recycling findet im wesentlichen über Banken statt.* Sie sind die Kreditgeber oder -vermittler auf den internationalen Kreditmärkten. Darlehen an Staaten, Kredite von volkswirtschaftlicher Bedeutung, die das Währungssystem belasten könnten, werden nicht so sehr von den Regierungen der Industrieländer gewährt; der ausländische Kreditsucher wendet sich an möglichst „gute Bankadressen" in diesen Ländern. Nur dann also kann das Recycling störungsfrei ablaufen, können die internationalen Kreditmärkte überhaupt funktionieren, wenn die Banken der Industrieländer, wenn das Bankensystem überhaupt leistungsfähig bleibt.

Bisher war diese Leistungsfähigkeit gegeben. Vor allem auf den Euromärkten funktionierte das private Bankensystem infolge einer geradezu optimalen Bankenkommunikation. Zwar traten hier gewisse Recycling-Probleme auf: Die Ölexportländer wollten ihre Gelder oft nur *kurzfristig ausleihen,* gefragt aber waren längerfristige Kredite. Es bahnt sich jedoch eine gewisse krediterleichternde Tendenzwende an, weil auch für die Ölgelder immer mehr längerfristige Anlagen bevorzugt werden. Trotz einer unverkennbaren Zurückhaltung der Kreditinstitute, das Kapital der Ölexportländer voll weiterzugeben, sind daher Krisenanzeichen aus dem Bankensystem heraus zur Zeit nicht erkennbar. Bisher konnten die Banken gute Schuldner finden und durch Übereinstimmung von Fristen bei Einlagen und Ausleihungen ihre Funktionsfähigkeit wahren.

b) Dennoch sind hier, unter bestimmten Voraussetzungen, *Währungskrisen nicht ganz auszuschließen.* Das System wird ja durch „Kreditketten" gehalten, an deren Anfang und Ende Nichtbanken stehen können, deren Zwischenglieder jedoch durch Kreditinstitute gebildet werden; in großem Umfang ist dies auf den Euromärkten der Fall. Kommt es nun „am Ende der Ketten" zu Zahlungsschwierigkeiten, so werden die Zwischenglieder, wird die Kette insgesamt belastet. Tritt etwa infolge massiver Abwertung zugleich in mehreren und nicht unbedeutenden Ländern Zahlungsunfähigkeit bei Schuldnern ein, deren Schuld auf Auslandswährung lautet, so könnte die Kette insgesamt zusammenbrechen.

Aus einem *„Bankenkrach"* könnte jedoch nur dann eine wirkliche *Währungskrise* entstehen, wenn es zu großflächigen Einbrüchen käme. Kleinere Kreditunternehmen würden zwar durch Zahlungsunfähigkeit weit schwerer getroffen und wären kaum in der Lage, die Verluste so rasch aufzufangen, wie es das Aktienrecht verlangt. Doch ihr Zusammenbruch könnte die Kreditkette im ganzen nicht zerreißen, das Währungssystem nicht ernstlich gefährden. Bis zu einer gewissen Größenordnung gehört Bankenrisiko zur Marktwirtschaft, das monetäre System bricht nicht in jedem Fall insgesamt zusammen, wenn an einer Stelle die letzten Glieder abreißen.

c) *Aufgabe der Banken selbst* ist es in erster Linie, jenen Extremfall zu verhindern, in dem der Bankenkrach zur Währungskrise wird. Vor allem durch ihre Einlagen- und Zinspolitik können sie hier gegensteuern. Kommt es zu massivem Kapitalangebot, etwa aus den Ölexportländern, während es schwer ist, gute Schuldner zu finden, so werden die Banken möglichst frühzeitig reagieren müssen: Sie werden den Anlegern *geringe Verzinsung* bieten oder ihnen gar Negativzinsen auferlegen. Äußerstenfalls müßten sie die Einlagen, wenigstens zeitweise, ablehnen. Daß hier schwere und häufige Fehler gemacht werden, die dann, durch Bedienung „schlechter Schuldner" und Masseninsolvenz, monetäre Ungleichgewichte erzeugen würden — diese Gefahr liegt heute jedenfalls nicht nahe. Zu *vorsichtiger Einlagenpolitik* ist allerdings, auch aus Währungsgründen, sicher zu raten.

d) *Die Banken prüfen die Bonität ihrer Schuldner* schon aus betriebswirtschaftlichen Gründen; diese typische Aufgabe des Bankiers wird sicher sorgfältig wahrgenommen. Sie hat jedoch, heute besonders, auch eine makroökonomische, währungspolitische Dimension: Je mehr die Kreditkette unter der Belastung monetärer Ungleichgewichte in Gefahr gerät, desto sorgfältiger muß die „letzte Bank" die Bonität ihrer Schuldner prüfen, damit die Kettenreaktion vermieden werde, die zur Währungskrise führen *kann*.

Die Banken können darauf verweisen, daß sie ausgebaute Systeme der Bonitätsprüfung entwickelt hätten und diese ständig mit allen Mitteln perfektionierten. Diese Rating-Beurteilungen werden nicht nur für ausländische Unternehmen, sondern auch für fremde Volkswirtschaften und deren Währungslage insgesamt vorgenommen. Wenn die Banken Zahlungsbilanzdefizite fremder Staaten abzudecken haben, ist dies ohnehin unerläßlich.

Von Bankseite werden jedoch auch Vorbehalte gegen die Zuverlässigkeit solcher Bonitätsprüfungen angemeldet: Die Prognosemöglichkeiten seien begrenzt, ein „guter" Schuldner könne auch in kürzerer Zeit erheblich abgleiten, wie das Beispiel von Nigeria belege. Für Banken und Schuldner unvorhersehbare „externe" Einwirkungen verändern nicht selten die Lage einer Volkswirtschaft entscheidend. So hat etwa Brasilien infolge der Mehrbelastung durch Ölkosten wesentlich an Bonität verloren.

Trotz aller banktechnischen Vorsichtsmaßnahmen kann also das Risiko der „großen Bank-Währungs-Krise" zwar wesentlich eingegrenzt, nicht aber völlig ausgeschlossen werden.

e) *Im ganz großen Krisenfall könnte der Staat mit Sicherheit nicht untätig bleiben.* Den Zusammenbruch der Kreditkette, verbunden mit dem Zusammenbruch von Großbanken, könnte er auch aus Währungsgründen nicht hinnehmen. Das Versiegen nicht nur der Geld- und Kredit-, sondern auch der Warenströme wäre die Folge, eine große Wirtschaftskrise unvermeidlich.

Hier wäre es Sache der Bundesbank, wenn nötig über die Notenpresse zu entlasten. Daß dies das letzte Mittel bleiben muß, weil ja gerade Inflation das Währungssystem ebenfalls gefährdet (vgl. unten 8), ist selbstverständlich. Verständlich ist, daß die Bundesbank hier äußerste Zurückhaltung übt in der etwaigen Bestimmung einer „inflationären Interventionsschwelle". Vorzeitige Hilfe durch Inflation müßte das Währungssystem und damit letztlich auch die Banken stärker belasten als mancher bittere Einzelverlust.

So ist denn das Währungssystem, soweit es von der Leistungsfähigkeit des Bankensystems abhängt, zwar nicht völlig problemlos; doch es gibt wohl hinreichend Abwehrkräfte aus dem Bankenbereich selbst, um die Steigerung einer Bankenbelastung zur Währungskrise zu verhindern. Und als ultima ratio bleibt das Eingreifen der Bundesbank.

Die Unempfindlichkeit des jetzigen internationalen Währungssystems geht zum Teil darauf zurück, daß Deflationen nicht mehr zugelassen werden, es also absolute Rückgänge der Geldmenge nicht mehr gibt. Die wirkliche Gefahr für das System liegt in der nicht selten unbegrenzten Inflationsbereitschaft.

3. Die öffentliche Hand —
Störfaktor auf den Kreditmärkten?

a) Das internationale Währungssystem der flexiblen Wechselkurse setzt funktionsfähige internationale Kreditmärkte voraus. Von ihnen kann nur gesprochen werden, wenn sich dort Angebot und Nachfrage nach *marktwirtschaftlichen Gesichtspunkten* bilden. Insbesondere müssen *rationale Produktivitätsüberlegungen* bei Kapitalnachfragern wie bei Anlegern die Kreditgewährung bestimmen. Herrscht nicht ein marktwirtschaftlich-produktivitätsorientiertes Denken vor, werden Kreditentscheidungen aus verteilungspolitischen oder schlechthin aus machtpolitischen Gründen getroffen, so wirkt dies destabilisierend auch auf das internationale Währungssystem. Es mögen daraus nicht sogleich Krisen entstehen — die Störanfälligkeit des Systems aber erhöht sich.

b) Nicht-marktwirtschaftlich orientierte Impulse auf den internationalen Kreditmärkten können vom *Verhalten der öffentlichen Hände ausgehen.* Diese treten dort in größtem Umfang als Anbieter wie als Nachfrager auf. Es wird daher die Ansicht vertreten, der internationale Markt, über den das Währungssystem der flexiblen Kurse funktioniert, sei in diesem Sinne weitergehend ein „öffentlicher Markt" als viele nationale Kreditmärkte, auf denen „privatwirtschaftliche" Überlegungen noch weithin das Kreditverhalten bestimmen.

Die Dimensionen dieses staatlichen Auftretens auf dem Kreditmarkt dürfen nicht unterschätzt werden. Es beschränkt sich

6 **Willgerodt**

keineswegs auf Kreditentscheidungen des Staates selbst. Über öffentliche Körperschaften oder Staatsunternehmen etwa kann der eigentliche, zentrale Staatseinfluß auf dem internationalen Markt verschleiert und im Ergebnis ausgeweitet werden. So hat Großbritannien seine Gemeinden durch Staatsgarantien dazu veranlaßt, ausländische Kredite aufzunehmen. Auf diese Weise gelingt auch eine Manipulation der Zahlungsbilanz.

Darüber hinaus gibt es zahllose Misch- und Übergangsformen von der rein staatlichen bis zur rein privaten Kreditentscheidung; sie reichen von der Kapitalaufnahme durch den Staat selbst, welche aus gesamtwirtschaftlichen Gründen erfolgt, bis hin zur staatsgarantierten Kreditaufnahme mittlerer und kleinerer Unternehmen. Auch über Staatsbürgschaften oder staatsgarantierte Kredite treten aber die öffentlichen Hände — indirekt — auf den internationalen Kreditmärkten auf. Ihre kreditpolitischen Kriterien bestimmen dann sehr oft, teilweise oder gar ausschließlich, das Verhalten der Kreditgeber oder -nehmer, hinter denen sie stehen.

So ist etwa der weitaus *größte Teil der Entwicklungskredite* aus dem Euromarkt bereits heute *staatsgarantiert.* Besonders in Ländern mit starkem staatlichem Banken- und Industrieentwicklungsengagement wie Frankreich, vor allem aber Italien, wirken die öffentlichen Hände immer mehr, und oft wenig bemerkt, auf den internationalen Kreditmarkt ein.

Der Umfang des eigentlichen staatlich-politischen Einflusses auf den internationalen Kreditmarkt mag wechseln, und er ist wohl nur schwer im einzelnen abzuschätzen. Doch insgesamt stellt er eine wichtige Größe dar.

c) Destabilisierende Wirkungen auf das internationale Währungssystem müssen sich dann ergeben, wenn sich *die öffentlichen Hände auf den Kreditmärkten wesentlich anders verhalten als Private* — auf der Anbieter- wie auf der Kreditnehmerseite —, wenn sie nicht marktwirtschaftlich-produktivitätsorientiert handeln.

Bei der *öffentlichen Hand als Kreditgeber* muß mit solchem Verhalten gerechnet werden; das zeigt sich bereits in dem hier häufig auftretenden Subventionsanteil öffentlicher Kredite. Gerade in einem liberalen Gemeinwesen zieht der Staat in der Regel seine Legitimation, als Kreditgeber aufzutreten, aus der Verfolgung solcher Subventionsziele. Hier *muß* zwar das produktivitätsorientierte Denken einer internationalen Marktwirtschaft nicht aufgegeben sein; daß es nicht selten zurücktritt, läßt sich kaum leugnen.

Die öffentlichen Hände als Kreditnehmer bedeuten wohl eine noch größere Belastung des internationalen Kreditmarktes. Zwar werden hier neuerdings große und systematische Anstrengungen zu einer Zinslastenminimierung unternommen. Dennoch lehrt die Erfahrung, daß die öffentlichen Hände viel rascher und nicht selten auch leichtfertiger bereit sind, Kredite aufzunehmen, als Private: Hinter ihnen steht die große, oft „grenzenlos" erscheinende Steuerkraft der Gemeinschaft; sie erfüllen Aufgaben im öffentlichen Interesse, das sich über Marktzwänge stets hat hinwegsetzen wollen; Rentabilitätsüberlegungen werden nicht in gleicher Intensität angestellt wie im nichtöffentlichen Sektor.

d) Es muß also damit gerechnet werden, daß ein solches „bedarfswirtschaftliches Denken" der öffentlichen Hände in großem Umfang Kreditentscheidungen von den Kriterien ablenkt, über die allein dieser Markt währungskonform funktionieren kann. Und im internationalen Bereich stehen nicht jene Möglichkeiten eines unmittelbaren Gegensteuerns zur Verfügung, welche auf den nationalen Kreditmärkten in oft nicht unbedenklicher Weise wirken, insbesondere die *Kreditmengenbegrenzung*. Sie wäre, nach verbreiteter Auffassung, auf dem internationalen, weithin „öffentlichen" Kreditmarkt weit notwendiger; gerade dort aber, und mit Wirkung auf die Kreditpolitik der Staaten, wird sie für unzulänglich gehalten.

Störungseffekte aus dem Verhalten öffentlicher Hände wirken meist nur punktuell; von ihnen mögen nur Belastungen, nicht

Krisen des Währungssystems ausgehen. Doch gerade weil sie die Krisenempfindlichkeit steigern, ist es Aufgabe der politischen Instanzen, vor allem in den großen Industrieländern, sich hier den Marktgesetzen des internationalen Kredites zu unterwerfen, stets *produktivitätsorientiert* zu handeln.

4. Absatzkrise als Währungskrise?

a) Kreditunfähigkeit einzelner großer ausländischer Abnehmer deutscher Waren, Unvermögen ganzer größerer Volkswirtschaften, weitere Kredite aufzunehmen — all dies mag einzelne Exporteure der Bundesrepublik, vielleicht ganze Branchen, schwer treffen; es fragt sich aber, ob aus solchen *Absatzschwierigkeiten eine Währungskrise entstehen könnte.*

Daß die Praxis, daß auch die großen Unternehmen besorgt sind, ist verständlich. Im Falle von Polen etwa zeigt sich, daß monetäres Ungleichgewicht zwischen Staaten zur Kreditunfähigkeit führen kann. Die Folge ist nicht nur, daß insoweit dann das Recycling blockiert wird. Es treten auch Gefahren für die Industrieländer auf, wenn ihr Export zurückgeht. Für die Bundesrepublik jedenfalls als ein besonders exportorientiertes Land kann eine Exportkrise rasch eine allgemeine Absatzkrise bedeuten.

Eine solche Absatzkrise aber weckt bei manchen währungspolitische Befürchtungen: Setze sie auf breiter Front ein, so müsse auch der *Welthandel beeinträchtigt werden,* weil der Handel zwischen Industrie- und Entwicklungsländern zurückgehe. Schon jetzt sei ja nicht sicher, ob das Welthandelsvolumen real konstant bleiben könne, obwohl es in den Vorjahren real unvermindert gestiegen ist. Für 1980 wird vielfach nur mit einer überproportionalen Zunahme des Handels der Erdölexportländer gerechnet. Ein wesentlicher Rückgang des Welthandels wäre aber nicht nur unerwünscht, er müßte letztlich auch das internationale Währungssystem belasten.

b) Die betriebswirtschaftlichen Absatzsorgen der Praxis sind ernst zu nehmen; daß sie sich durch monetäre Ungleichgewichte verstärken können, ist unbestreitbar. Doch daß sich *aus einer solchen Absatzkrise eine allgemeine Währungskrise entwickeln könnte, ist wenig wahrscheinlich.* Vor allem wäre dies eine Frage der Größenordnung der Absatzschwierigkeiten; nur wenn sie „auf breiter Front" aufträten, könnten gefährliche monetäre Ungleichgewichte entstehen. Es ist aber nicht anzunehmen, daß Güter, die in ein Land wegen dessen Währungsschwäche nicht geliefert werden können, nun überhaupt nicht mehr absetzbar wären. Sie werden, nach aller Wahrscheinlichkeit, in andere Länder umgeleitet, wenn auch unter Umständen unter betriebswirtschaftlich nicht unbedenklichen Verlusten für die einzelnen deutschen Hersteller; denn ihnen können damit gerade jene Gewinnprozente verlorengehen, deren sie zur Rentabilität bedürfen. Eine Einschränkung des Welthandels, die sich bis hin zur Gefahr einer Weltwirtschaftskrise steigern könnte, ist schon deshalb kaum zu erwarten, weil der Welthandel nicht primär mit den Entwicklungsländern stattfindet, bei denen aber vor allem monetäre Ungleichgewichte auftreten können.

Im übrigen wird es Sache der Bundesrepublik sein, sich bei Absatzschwierigkeiten als „guter Gläubiger" zu bewähren — anders als die USA und Frankreich in der Krise nach 1929. Und letztlich mögen derartige Engpässe zu einem Absinken der Produktion in gewissen unter Auslandskonkurrenz stehenden Bereichen führen, zu einem Branchenwachstum, das den Exportmöglichkeiten angepaßt ist. Dies alles sind, in einer Welt-Marktwirtschaft jedenfalls, im einzelnen vielleicht schmerzliche, insgesamt aber völlig systemkonforme Vorgänge.

Bei in allen Ländern zunehmender monetärer Nachfrage und steigenden Preisen, außerdem weltweiter Verknappung von Gütern, ist das Problem einer allgemeinen Überproduktion nicht aktuell. Allerdings kann die Steigerung von Kosten das Wachstum der Nachfrage übertreffen, so daß die Produktion zurückgeht (Stagflation). Diese Gefahr ist aber nicht durch Staatsgarantien und noch stärkere Ausweitung der ohnehin inflatorischen Nachfrage zu überwinden, weil die Kostensteigerung (Lohnforderungen, Ölpreisanstieg) dadurch nur noch mehr angeregt würde.

Absatzkrise als Währungskrise — dies ist doch wohl mehr eine betriebswirtschaftliche Befürchtung als eine makroökonomische oder gar eine währungspolitische Gefahr.

5. Destabilisierung durch Ölanbieter?

a) Das *Verhalten der Ölexportländer* kann das internationale Währungssystem in verschiedener Hinsicht schwer belasten. Starke Ölpreissteigerungen müssen die Problematik des Recycling verschärfen. Den Anlagenotwendigkeiten der Ölländer entspricht dann, nach verbreiteter Ansicht, nicht mehr die Fähigkeit der europäischen und amerikanischen Kreditinstitute, das Ölgeld als Kredit an die Entwicklungsländer weiterzuleiten, weil diese überschuldet sind, gerade wegen ihrer zu hohen Ölrechnung. Die Ölexportländer als Kreditgeber könnten versuchen, den Geldaufnahmewiderstand der Industrieländer dadurch zu brechen, daß sie diesen Ländern Öl nur liefern, wenn die Anlage ihrer Ölgelder, des Gegenwerts ihrer eigenen Leistung, dort auch sichergestellt ist; andernfalls müßten sie dann auf Ölexport, auf Ölförderung überhaupt verzichten. Für ein Land mit harter Währung wie die Bundesrepublik Deutschland kommt die Gefahr einer Flucht aus dem Dollar hinzu, eines forcierten Umtausches in DM, für den ein Auffangmechanismus möglicherweise nicht zur Verfügung steht (vgl. unten 6).

Schließlich werden am wirtschaftspolitischen Horizont neue Belastungen sichtbar: Nach der Ölhausse könnte es zu weiteren Verknappungen mit ähnlichen Wirkungen kommen — von den vielberufenen „Ölscheichs" könnten morgen „Kupferscheichs" lernen, übermorgen „Kakaoscheichs" usw. usf. Die Währungsgefahr läge auf der Hand: Neue Recyclingprobleme müßten auftreten, neue Rohstoffmilliarden wären anzulegen, die Schuld-

ner würden ärmer (vgl. oben 1), die Kreditketten (vgl. oben 2)
wären noch stärker belastet. Das Währungssystem hat sich nach
1973 im Recycling bewährt; nach 1979 wird dies schon schwerer
werden; eine weitere unabsehbare Rohstoffverteuerung großen
Umfangs könnte die Krise auslösen.

b) Selbst wenn man von diesen weiteren Perspektiven ab-
sieht — entscheidend wird es sicher schon heute und morgen auf
die *Rationalität des Verhaltens der Ölförderer* ankommen.

Die Meinungen gehen darüber auseinander, ob man bei den
*Verantwortlichen im Orient von der Vermutung ökonomischer
Rationalität ausgehen darf*; die einen meinen, dies sei bei der
dort verbreiteten geschäftsgewandten Mentalität zu erwarten,
andere weisen zur Begründung ihrer Zweifel auf die neuesten
Entwicklungen hin, die unvorhersehbare irrationale Ausbrüche
zeigten.

Bei ökonomisch rationalem Verhalten sprechen überwiegende
Gründe dafür, daß die *Ölförderer das Währungssystem nicht
übermäßig belasten wollen*. Es liegt nicht in ihrem Interesse, bei
den Industrieländern durch Drohungen mit Lieferstopp Anlagen
zu erzwingen, wenn diese, nicht zuletzt wegen der Ölpreise,
keine guten Schuldner mehr finden.

Von Bedeutung sind in diesem Zusammenhang auch die *Eigen-
tumsverhältnisse* an den Ölvorkommen. In aller Regel liegen
diese nicht in privater Hand, sondern in der des Staates. Dies
allein legt bereits ein nicht rein betriebswirtschaftliches, sondern
zugleich makroökonomisches Denken nahe. Die Förderung
nimmt überdies in allen Ölländern einen volkswirtschaftlich so
zentralen Platz ein, daß schon deshalb ein „privat-egoistisches"
Verhalten wenig wahrscheinlich erscheint. Werden aber notwendig volkswirtschaftliche Erwägungen angestellt, so wird dies
auch mit Blick auf die eigene Währungslage und das internationale Währungssystem geschehen.

Die *bisherige Entwicklung* gibt übrigens kaum Anlaß zur
Vermutung irrationalen Verhaltens der Ölexportländer. Häufig

wird ja übersehen, daß die reale Ölpreissteigerung erst seit 1979 über die allgemeine Preissteigerung hinaus geht. Irrationales Verhalten der Ölexporteure ist zwar möglich, schädigt aber im jetzigen Weltwährungssystem vornehmlich sie selbst.

c) Wenn die Ölländer ihre eigenen Interessen wahren wollen, so werden sie nicht etwa die westliche Leitwährung durch *forcierte Flucht aus dem Dollar* in ihre eigenen Währungen in Gefahr bringen. Wollten sie nämlich ihre laufenden Ölgelder und ihre Dollarreserven in großem Umfang in ihre heimische Währung umtauschen, so würde das zunächst eine massive Aufwertung derselben bringen, sodann aber zu um so größerer Abwertung und damit zu schweren währungsbedingten Verlusten für die Ölländer führen. Insgesamt spricht bisher auch nichts dafür, daß dem Dollar die entscheidenden Gefahren aus dem Verhalten der Ölförderer drohen. Wahrscheinlich ist vielmehr, daß sein Kurs sogar durch Anlagen von Ölgeldern in Dollars gefestigt wird.

Gerade in letzter Zeit wird den Ölförderern durch die politische Lage nahegelegt, Dollars zu halten und in den USA anzulegen. Immer mehr verstärkt sich auch bei ihnen ein *Sicherheitsdenken*, das lieber einen nicht unwahrscheinlichen Teilverlust in Kauf nimmt als auch nur die entfernte Möglichkeit des Totalverlustes. Aus diesem Grunde besteht auch ein unvermindert starkes Interesse an amerikanischen Anlagen, vor allem in Grundstücken.

d) Schließlich wird darauf hingewiesen, daß die *Ölpreissteigerungen* nicht nur eine Gefahr für die Wirtschaft der Industrieländer darstellen, daß sie diesen vielmehr auch *Entwicklungschancen* bieten, die letztlich zugleich zur Stabilisierung der westlichen Währungen und damit des internationalen Währungssystems beitragen können.

Die Anlagebereitschaft der Ölexportländer eröffnet den Industrieländern große *Investitionschancen*, in einer Zeit, in welcher ein besonderer Kapitalbedarf für Strukturänderungen besteht. Sachgerechte Investitionen werden jedoch, nach ganz allgemeiner Meinung, zu einem Wachstum führen, das die volkswirtschaftliche Leistungsfähigkeit, und damit auch die monetäre Stabilität, verbessern würde.

Sieht man von politisch-emotionalen Reaktionen ab, so ist währungspolitisch ein „systematisch systemwidriges" Verhalten der Ölförderer kaum zu befürchten; ihr Preisverhalten kann Belastungen für die Industrieländer bringen, ihnen aber auch wieder neue Chancen eröffnen. Aus dieser Richtung ist eine laufende Destabilisierung des Währungssystems kaum zu erwarten.

6. DM als Reservewährung?

a) Die Entwicklung der letzten Zeit mit ihren immer wiederkehrenden Dollarschwächen läßt die *Befürchtungen einer wesentlichen Vertrauenseinbuße für den Dollar* nicht verschwinden. Zwar ist es stets auch zu Stabilisierungsphasen gekommen, nicht zuletzt durch das Verhalten der Ölexportländer; dennoch wird die Frage drängender, ob der Dollar alleinige Leitwährung bleiben kann. Hier können auch politische Emotionen (Iran) eine Rolle spielen. Andererseits ist nicht auszuschließen, daß gerade die Afghanistan-Krise durch Verstärkung des Sicherheitsbedürfnisses und durch Impulse auf die US-Industrie den Dollar sogar noch stärken wird.

Bei der Suche nach Reservemedien bietet sich in erster Linie die DM an. Es fragt sich, ob eine derartige, dem internationalen Währungssystem konforme, vielleicht sogar zu seiner Stabilisierung notwendige Entwicklung monetäre Ungleichgewichte für die Bundesrepublik hervorrufen könnte.

b) Sollte die *DM internationale Reservewährung werden, so sind zwei Phasen zu unterscheiden:* Die erste würde den Übergang in die neue Lage bringen, in der zweiten müßte sich zeigen, welche Auswirkungen auf die deutsche Währung einträten.

Vor allem in der ersten Phase würden sich *Probleme für die deutschen Währungsinstanzen* stellen. Zur Zeit wird der Anteil der DM-Währung an den gesamten Devisenreserven der Notenbanken auf etwa 12 % geschätzt; genaue Daten stehen nicht zur Verfügung. Es müßte sich nun, beim Übergang in die „Reservewährung DM" die Frage stellen, ob es eine „richtige DM-Menge" geben und ob die Bundesbank diese bereitstellen könne. Daß damit *inflationäre Bewegungen* in Gang gesetzt werden könnten, die das internationale Währungssystem belasten müßten, liegt auf der Hand.

Die Bundesbank hält sich denn auch hier betont zurück: Es bestehe bisher nicht die Absicht, Zentralbankgeld in solchem Zusammenhang zur Verfügung zu stellen. Wenn in der Vergangenheit selbstgesetzte Zielvorgaben der Geldmengenpolitik gelegentlich überschritten worden seien, so sei dies allenfalls eine Art von punktueller Reservewährungs*reaktion* gewesen, nie aber habe es einem Plan entsprochen, die DM in eine solche Rolle zu drängen.

c) Will man ein *Eingreifen der Bundesbank und damit Inflationierung vermeiden,* so würde der Übergang zu einer Reservewährung DM bedeuten: Die potentiellen Anleger werden darauf verwiesen, sich die DM aus der vorhandenen Geldmenge der Bundesrepublik „zu verdienen". Dies könnte, bei entsprechender Verknappung der deutschen Reservewährung, zu einer immer höheren Bewertung der DM und schließlich dazu führen, daß „gute DM-Schuldner" außerhalb der Bundesrepublik Deutschland schwerer zu finden wären. Nicht auszuschließen wäre dann sogar ein DM-Boom.

Derartige Entwicklungen mögen die Bundesrepublik, insbesondere den deutschen Export, nicht unerheblich belasten — das internationale Währungssystem würde jedoch nicht in eine Krise stürzen, Ungleichgewichte würden vielmehr systemkonform aufgefangen werden können.

d) Zu rechnen wäre also, bei Übergang in die DM als Reservewährung, solange nicht unverantwortlich inflationiert wird, weniger mit einer internationalen Währungskrise als vielmehr mit gewissen Belastungen für die Wirtschaft der Bundesrepublik. Ihnen könnten jedoch auch *Vorteile* gegenüberstehen: Die DM als Reservewährung würde auch von vielen Ausländern gehalten, sie und potentielle Interessenten müßten rasch reagieren, wenn sich der Wert der DM veränderte; auf diese Weise könnte es zu einer rascheren Adaptierung des DM-Kurses an den Wert dieser Währung kommen als bisher, was aus deutscher Sicht letztlich doch nur erwünscht sein kann. Im übrigen schlösse die Rolle der DM als Reservewährung eine positive Leistungsbilanz keineswegs aus, sofern zugeflossene Mittel zinsbringend im Ausland angelegt werden können. Die Rückleitung von zugeflossenem Auslandskapital würde die Aufwertung dämpfen und Umstellungsprobleme mildern.

Ob die DM Reservewährung wird oder nicht, wird aus den Sachzwängen des internationalen Währungssystems heraus und nicht allein aus deutscher Sicht zu entscheiden sein. Entscheidend ist, daß es dabei nicht zu inflationären Entwicklungen in der Bundesrepublik kommen darf.

7. Das Europäische Währungssystem — Chance oder Gefahr?

a) *Das EWS wird nicht einheitlich, überwiegend aber doch kritisch beurteilt.* Bei *günstiger Beurteilung* wird vor allem vorgetragen: Die Stufenflexibilität des Systems biete der Wirtschaft eine gewisse Sicherheit, die Währungsrisiken erschienen leichter kalkulierbar. Immerhin sei ja auch bei Erreichung der Interventionspunkte gehandelt worden, wie vorgesehen; die Kreditfazilitäten seien nur wenig in Anspruch genommen und es sei prompt zurückgezahlt worden. Die Zusammenarbeit der Notenbanken habe reibungslos funktioniert. Wirtschaftskreise, die sich noch nicht mit dem System der flexiblen Kurse abfinden können, sehen hier wohl einen gewissen Mittelweg.

Überwiegend und vor allem aus volkswirtschaftlicher Sicht werden jedoch *erhebliche Bedenken* angemeldet: Das EWS habe nicht erwartungsgemäß funktioniert; es sei zu befürchten, daß es sich zu einem Fremdkörper im System der flexiblen Kurse entwickle.

b) Einigkeit besteht darüber, daß die im *Herbst 1979 vorgenommene Kurskorrektur* ein enttäuschender Vorgang war: Sie kam zu spät, war nach ihrem Umfang ungenügend und, nicht zuletzt, sie erfolgte nicht in der Geräuschlosigkeit einer währungstechnischen Adaptierung, sondern war von erheblichem „politischem Lärm" begleitet. Für das internationale Währungssystem kann es aber nicht förderlich sein, wenn in wichtigen Bereichen seine Entwicklung, die doch unpolitische Wirkung eines Marktmechanismus sein sollte, als ein Gegenstand der hohen Politik erscheint. Politisches Tauziehen, Kompromisse zwischen den Partnerländern, sind hier unvereinbar mit den Grundlagen eines Währungssystems, das sich mit einer gewissen Selbstgesetzlichkeit entfalten sollte und nur dann Belastungen wirklich neutralisieren kann.

c) Selbst in dem recht engen vom EWS gezogenen Flexibilitätsrahmen kann nur *sehr bedingt von einer freien Kursentwicklung die Rede sein*. Bereits die *ursprüngliche Festsetzung der Paritäten* hat währungsinterventionistisch Daten gesetzt, die nun weiter- und einer freien Entwicklung entgegenwirken. Es wird eine Wechselkursillusion (Glaube an feste Kurse) begünstigt, der plötzliche Desillusionierungen bei Paritätsänderungen folgen müssen. Damit aber wird nicht nur die Freiheit der Kursbewegung nicht unerheblich eingeengt, sondern eine „Stabilitätspsychologie" genährt, die bei unveränderten Diskrepanzen der nationalen Geldwertentwicklung keine sachliche Grundlage hat.

Es haben ferner im letzten Jahre, weithin unbemerkt, zahlreiche *intramarginale Interventionen* stattgefunden, eben um den Flexibilitätsrahmen halten zu können. Damit aber waren nicht unwesentliche Manipulationen des Marktes verbunden. Daß übrigens die Kreditfazilitäten nicht weitergehend in Anspruch genommen wurden, dürfte seinen Hauptgrund darin haben, daß Stabilisierungskredite von „außerhalb" in hinreichendem Maße herangezogen werden konnten.

Vor allem aber ein ungünstiges und unerwünschtes Fazit läßt sich nicht wegleugnen: *Das Inflationsniveau der Mitgliedsländer hat sich nicht wesentlich angeglichen*, der Tatbestand der importierten Inflation ist eindeutig und belastet insbesondere die Bundesrepublik. Damit aber hat das EWS, jedenfalls aus deutscher Sicht, die Erwartungen nicht erfüllt — soweit sich nach einer vergleichbar kurzen Zeit ein Urteil fällen läßt, — von ihm gehen nicht die beabsichtigten disziplinierenden Zwänge aus.

d) Die unverkennbare *Abschwächung der Kursflexibilität im EWS* hat auch nicht unbedenkliche *konjunkturelle Aspekte*. Verspätete und nicht ausreichende Kurskorrekturen können dazu führen, daß ein einsetzender Boom zu spät abgebremst wird. Die Erfahrung zeigt jedoch, daß eine Rezession um so wahrscheinlicher wird, je später ein Boom gebremst werden kann. So hat in der Bundesrepublik im vergangenen Jahre ein erfreulicher Wirtschaftsaufschwung eingesetzt. Da die bisherige Aufwertung der DM zur Dämpfung des Preisauftriebs nicht genügt hat, steht zu befürchten, daß es entweder zu einer erhöhten Preissteigerung in der Bundesrepublik Deutschland oder einer spekulativen Flucht in die DM kommen könnte — der dann eine verspätete Paritätsänderung (Aufwertung) und eine übermäßige geldpolitische Bremsung folgen würden. Dann aber könnte der Umschlag in die Rezession begünstigt werden.

Abgemildert werden solche Gefahren allerdings dadurch, daß die eigentlichen Konjunkturrisiken der Bundesrepublik weniger vom ECU als vielmehr vom Dollar drohen. Überdies können sich politische Krisenentwicklungen konjunkturell überlagern und andere Tendenzen begünstigen.

e) Bemerkenswert ist, daß *das EWS noch zu halten scheint*, trotz der großen Inflationsunterschiede zwischen den Partnerländern. Einer der Gründe dafür dürfte in der relativen Stabilität des Dollars im abgelaufenen Jahr liegen. Ein anderer ist wohl in dem *Stabilitätsexport* zu finden, der aus der Bundesrepublik in andere Länder stattgefunden hat. So sind etwa aus Frankreich erhebliche Kredite in der Bundesrepublik aufgenommen worden. Nicht zuletzt sind es aber — gerade in letzter Zeit — die erheblichen *Goldreserven* Frankreichs und auch Italiens, die sich insofern stabilitätsfördernd auf die Währungslage dieser beiden Länder ausgewirkt haben, als sie der Spekulation den Eindruck vermitteln, es stünden genügend Mittel zur Abwehr von Wechselkurseinbußen zur Verfügung.

Das EWS darf sich jedoch, so wird gelegentlich betont, nicht zu einem *Rückweg zu einem System fester Wechselkurse* entwickeln. Ein solcher wäre schon aus einem innenpolitischen Grund für die Bundesrepublik kaum mehr gangbar: Die *Gewerkschaften* haben die frühere „Geldillusion" gründlich verloren; es könnte, anders als früher, heute nicht mehr von ihnen erwartet werden, daß sie die bei einem festgelegten DM-Kurs entstehende importierte Inflation hinnehmen. Eine solche ist aber zu erwarten, wenn die Auslandsinflation voraneilt, so daß der DM-Kurs dem eigentlichen Wert der Währung nicht entspricht, die DM also unterbewertet ist. Die gewerkschaftlichen Forderungen würden sich bei festen Kursen dieser Art entscheidend verschärfen. Und die Wirtschaft mag zwar heute, soweit die Kurse schwanken, unter der Unvorhersehbarkeit der Kursentwicklung leiden; ihren Währungsverlusten stehen aber auch Gewinne aus dem Devisenhandel bei günstigen Kursänderungen gegenüber, mögen diese auch in der Erfolgsrechnung nicht so deutlich in Erscheinung treten, weil sie als außerordentliche Erträge gebucht werden.

f) Über all diesen wirtschaftspolitischen Überlegungen steht jedoch ein *allgemein-politisches Dilemma*, gerade heute, vor dem Übergang in die zweite Stufe des EWS, welche einen Währungsfonds bringen soll:

Einerseits besteht kaum ein Zweifel an gewissen negativen Effekten des EWS. Selbst wenn sich in ihm die Flexibilität nicht weiter abschwächt, wird ihm doch kaum volle Systemkonformität in einer Weltwährungsordnung floatender Währungen bescheinigt werden können. Hier können und werden also Ungleichgewichte nicht aufgelöst, sondern eher noch weiter verfestigt werden. Und es ist wahrscheinlich, daß dies vor allem zu Lasten der Bundesrepublik geschieht. Ihre relativ stabile Währung und Wirtschaft werden den Hauptstoß der inflationierenden Wirtschaftspolitik anderer Länder aufzufangen haben. Der währungspolitische Spielraum ihrer Lenkungsinstanzen, die bisher die Währung stabil halten konnten, ist schon jetzt durch das EWS erheblich eingeschränkt, mit Erreichung der zweiten Stufe wird er noch geringer werden.

Andererseits steht hinter dem EWS der politische Wille zur Einung Europas. Daß diese ihren Preis verlangt, daß gerade die Bundesrepublik hier Opfer bringen muß, ist unbestritten. Es muß dies aber eine wirkliche, nicht eine nur optische Einung sein — zunächst war noch nicht einmal zwischen Frankreich und der Bundesrepublik freier Scheckverkehr erlaubt, trotz EWS! Es fragt sich jedenfalls unter wirtschaftlich Denkenden, wie hoch der für die europäische Einung zu zahlende Preis sein darf, wenn der Erfolg mäßig ist, ob jeder Preis gezahlt werden muß, den die Politik festsetzt, auch ein solcher, der das Geeinte destabilisiert.

8. Inflation — die größte Gefahr für das Weltwährungssystem

a) Wenn es einen Konsens gibt, so darin: Die größte Gefahr für ein Weltwährungssystem der flexiblen Kurse kommt aus der Inflation, vor allem aus einer inflationierenden Politik der großen Industrieländer. Das System legt einen „monetären Schleier" über tiefere wirtschaftliche Ungleichgewichte. Der Versuch, sie durch Inflation zu überspielen, muß, auf breiter Front unternommen, zum Zusammenbruch des Systems führen.

Heute ist mit einer derartigen hemmungslosen Inflations-politik kaum zu rechnen, eine *Währungsgefahr durch Inflation* ist — noch — nicht in Sicht. Vor allem in der Bundesrepublik Deutschland ist nicht damit zu rechnen, daß die Notenbank sich in eine Inflationspolitik stürzt, um auch noch den letzten schlechten Schuldner, den letzten unvorsichtigen Gläubiger zu bedienen — und zu retten.

Das System flexibler Kurse ist darauf angelegt, daß die von einem Land begonnene Inflationierung seiner Währung alsbald auf dieses selbst zurückschlägt und ihm, nach kurzen Scheinerfolgen, um so schwerere Nachteile zufügt. *Der Bumerang-Effekt der Inflation* ist eine der wichtigsten Sanktionen des Systems — zu hoffen steht nur, daß er stets rasch genug eintritt, daß es nicht zu Phasenverschiebungen bei den monetären Inflationswirkungen kommt, die deren Ursachen verschleiern könnten — wie dies innenpolitisch bei den Inflationswirkungen der Lohnpolitik zum Teil der Fall ist. Dann nämlich wäre es leichter, die „politische" Legitimation der Inflation entscheidend zu verstärken.

b) Eine Hoffnung wird — weithin übereinstimmend — als illusionär zurückgewiesen: daß es über *internationale Fonds* gelingen könne, währungsschädliche Inflationswirkungen abzufangen.

Die Erfahrungen, welche hier mit dem *Internationalen Währungsfonds* gemacht wurden, *sind enttäuschend.* Die Stabilisierung durch den IMF hat zu spät eingesetzt, wie sich gerade im Falle der Türkei gezeigt hat; sie muß jetzt die Sanierung über „Stützpunktdollars" versuchen. Es hat wenig Sinn, daß sich gefährdete Länder erst am Euromarkt „vollsaugen", bevor es zum Eingreifen des IMF kommt; er kann dann den belasteten Banken in der Regel nicht mehr helfen.

Eine besondere Gefahr für das Wirken des IMF und wohl aller derartiger Fonds liegt darin, daß *ihre Gelder meist in die öffentlichen Hände der gefährdeten Länder fließen.* Dort aber treten gerade die ganzen Probleme der unproduktiven Verwertung der Kredite auf (vgl. oben 5). Erforderlich wäre es vielmehr, die Mittel in die Privatwirtschaften der betroffenen Staaten zu lenken und gerade bei ihrer Verteilung entschieden marktwirtschaftlich zu denken. Doch — läßt sich dies beim engen Zusammenspiel nationaler und internationaler Bürokratien erwarten?

Dies sind Sorgen, die auch bei einem Übergang in die zweite Phase des EWS mit ihrer Fondsbildung beherzigt werden sollten. Soll hier ein Rückgang des Handels verhindert, soll die Währungslage wirklich stabilisiert werden, so darf dieser Fonds nicht Selbstbedienung der öffentlichen Hände bedeuten.

In allen Stellungnahmen zum internationalen Währungssystem der flexiblen Kurse wird ein unverkennbar *positiver Grundtenor* hörbar. Das System ist nicht ideal, aber brauchbar, es entspricht im Grunde unseren marktwirtschaftlichen Überzeugungen. Die Gefahren scheinen oft weit entfernt, wenn nicht schlechthin „theoretisch" — ebenso theoretisch allerdings auch manche Versuche, das System weiter zu perfektionieren oder gar etwa völlig krisensicher zu machen.

Die *eigentlichen Risiken* kommen deutlich und wohl ausschließlich aus dem *politischen Raum*. Politisch motivierte Inflationierung kann das System „von innen" zerstören, große politische Krisen bedeuten sein Ende von außen. Wie jede Marktwirtschaft kann auch diese allzu viel Dirigismus nicht überstehen.

Das Weltwährungssystem ist eine der größten international verbindenden Ketten; deshalb sei hier die „hohe Politik" vor Kettenreaktionen gewarnt.

Walter Leisner   Hans Willgerodt

Printed by Libri Plureos GmbH
in Hamburg, Germany